MAURICE ORDONNEAU

LES

FILLES JACKSON ET Cie

OPÉRETTE A SPECTACLE EN TROIS ACTES

Musique de JUSTIN CLÉRICE

PARIS. — Ier

P.-V. STOCK, ÉDITEUR

(Ancienne Librairie TRESSE & STOCK)

155, RUE SAINT-HONORÉ, (près *la Civette*)

Devant le Théâtre-Français

1906

LES

FILLES JACKSON ET Cie

OPÉRETTE A SPECTACLE EN TROIS ACTES

Représentée pour la première fois, à Paris, sur le théâtre
des Bouffes-Parisiens, le 29 novembre 1905.

Musique de **Justin CLÉRICE**

P.-V. STOCK, ÉDITEUR

DU MÊME AUTEUR

L'Ablette, un acte (*Menus-Plaisirs*). 1 50

Une Affaire Scandaleuse, 4 actes (*Palais-Royal*). . . . 2 »

Les Boulinard, 3 actes (*Palais-Royal*). . . . . 2 »

Cherchons Papa, 3 actes (*Palais-Royal*). . . . . 2 »

Les Deux Chambres, un acte (*Palais-Royal*). 1 50

L'Heure du Berger, 3 actes (*Palais-Royal*). . . . . . 2 »

Madame Grégoire, 3 actes (*Menus-Plaisirs*). . . . . . . 2 »

Madame Sherry, 3 actes (*Galeries Saint-Hubert*, Bru-
xelles). . . . . 2 »

Maître Corbeau, 2 actes (*Odéon*). 1 50

Mon Oncle! 3 actes (*Cluny*). . . . . 2 »

Les Parisiens en Province, 4 actes (*Cluny*). . . . . 2 »

Les Petites Godin, 3 actes (*Palais-Royal*). . . . . . . 2 »

La Plantation Thomassin, 3 actes (*Folies-Dramati-
ques*) . . . . 2 »

Le Réveil de Vénus, 3 actes (*Athénée*). . . . . 2 »

MAURICE ORDONNEAU

LES

FILLES JACKSON ET Cie

OPÉRETTE A SPECTACLE EN TROIS ACTES

Musique de **JUSTIN CLÉRICE**

PARIS. — Ier

P.-V. STOCK, ÉDITEUR

(Ancienne Librairie **TRESSE & STOCK**)

155, RUE SAINT-HONORÉ, (près *la Civette*)

Devant le Théâtre-Français

—

1906

PERSONNAGES

FRÉDÉRIC, jeune enseigne de vaisseau, 20 ans . . . . MM. Devaux.
JANICOT, matelot, 25 ans . . . . Paul Fugère.
JONATHAN JACKSON, américain, père d'Arabelle, associé de Jackson, 50 ans . . . . Dekernel.
JACKSON, père de Florence, 50 ans . . . Raitter.
FÉLICIEN, lieutenant de chasseurs . . Defresne.
LE CAPITAINE du navire l'*Indo-Chine* . Bartel.

ANGÈLE LAMIRAL, chanteuse de petit café concert, 20 ans . . . . Mmes Jane Pernyn.
ARABELLE, fille de Jonathan, 18 ans . . De Craponne.
MADAME LAMIRAL, mère d'Angèle, ancienne chanteuse, 45 ans . . . . . . Léonie Laporte.
FLORENCE, fille de Jackson, 17 ans . . De Kiercourt.
JUSTINE, jeune servante de la Pension . Loury.
MADEMOISELLE CHAMORIN, sous-maîtresse de pension . . . . Virginie Rolland.
LA DIRECTRICE de la Pension et des « Mésanges » . . . . Mette.
LOUISE, petite pensionnaire . . . . . . De Léry.

L'action se passe de nos jours.

Le premier acte **Au pensionnat des « Mésanges »**, à Marseille. — Le deuxième acte **Sur le navire l'*Indo-Chine*.** — Le troisième acte **A Saïgon,** dans les magasins de scieries Jackson et Cie.

LES FILLES JACKSON ET Cie

ACTE PREMIER

Un pensionnat de jeunes filles « les Mésanges ». Le parloir donnant par une grande baie, sur le jardin. De chaque côté deux portes. Un piano dans un coin à droite. Beaucoup de fleurs dans des vases, et au fond, le jardin ensoleillé. Aspect très gai.

On doit éviter, avant tout, l'aspect sévère d'une pension.

SCÈNE PREMIÈRE

ARABELLE, FLORENCE, PENSIONNAIRES,
LA DIRECTRICE, JUSTINE.

Les pensionnaires en uniforme de couleur claire.

N° 1.

Chœur des Pensionnaires.

Les pensionnaires enlèvent leurs uniformes. Elles sont en corsets, gorges et bras nus. Seules Arabelle et Florence ont gardé l'uniforme de la pension.

LES PENSIONNAIRES.

Quittons l'uniforme
Du couvent,
Comme ça transforme

> Oui, vraiment !
> Montrer une épaule,
> Gentiment,
> Ça nous paraît drôle
> Maintenant !
> N'est-ce pas dommage
> En vérité
> Cacher à notre âge
> Sa beauté !
> Montrer, est-ce un crime ?
> Un joli bras,
> Non, c'est légitime,,
> N'est-ce pas ?
> On peut, j'imagine,
> Montrer comme ça
> Un peu de poitrine...
> Quand on en a !

Très joyeuses.

Nous allons partir en vacances !
Plus *de cours et plus de dortoirs,*
A nous, à nous, toutes les chances
Plus d'esclavage, de devoirs !

A Arabelle et Florence.

Mais ici, pauvres étrangères,
Vous allez rester, maintenant,
Et qui sait, hélas ! quand vos pères
Viendront vous chercher à présent ?..

La directrice entre. Les jeunes filles se hâtent de revêtir le costume de ville.

ARABELLE, *pensive, mélancolique.*

Partez... nous, avec nos tourments
Nous restons depuis dix années.
Que c'est long ! oh ! depuis ce temps !
Que de roses se sont fanées ?

FLORENCE.

Nos pères, au loin, tout là-bas.
Pour nous, sont à faire fortune...

ARABELLE.

Ils reviendront... mais quand hélas !
  Avec une dot pour chacune.
Oh ! comme cela vous sied mieux
  Ces robes claires et légères
  Que l'uniforme peu gracieux
Des petites pensionnaires.

TOUTES, joyeuses.

Mais quittons bien vite la pension
Adieu ! l'on se quitte sans contrition.
Rien, en ce bas monde, en vérité
Ne vaut, à la ronde, liberté !

Elles embrassent leurs deux compagnes et s'en vont de
tous côtés, comme une envolée d'oiseaux, sauf, une
pensionnaire Louise, qui reste en arrière et s'entre-
tient avec Arabelle et Florence. Justine range, allant
et venant.

SCÈNE II

ARABELLE, FLORENCE, LOUISE,
LA DIRECTRICE.

LA DIRECTRICE, du fond,

Eh bien ! mademoiselle Louise ? Votre frère est là
qui vous attend.

LOUISE.

Ne pourrais-je le présenter à mon amie Florence
Jackson et à sa cousine Arabelle Jackson.

LA DIRECTRICE.

Non, mademoiselle...

LOUISE.

Oh ! j'ai tant parlé à mon frère, de ma petite ca-
marade Florence.

LA DIRECTRICE.

Le voici. Retirez-vous, mesdemoiselles Jackson...

ARABELLE.

Bien, madame !

FLORENCE, faisant la moue.

Oh ! c'est dommage ! j'aurais été si contente de
faire sa connaissance !

LOUISE, à Florence.

Je lui parlerai de toi.

Arabelle et Florence entrent à gauche.

SCÈNE III

LA DIRECTRICE, LOUISE, FÉLICIEN.

FÉLICIEN, sous-lieutenant de chasseurs, entrant du fond, il
va embrasser Louise.

Ah ! ma chérie ! ça va bien ?.. (Saluant.) Madame
la Directrice en venant chercher ma sœur, j'ai
l'honneur de vous faire mes adieux... Je m'embar-
que pour la Cochinchine... je vais rejoindre mon
régiment...

LA DIRECTRICE.

Je vous souhaite voyage et séjour agréables dans
ces lointains parages... et je vous confie votre jeune

sœur que vous remettrez entre les mains de vos
parents.

FÉLICIEN.

Avant une heure, madame la directrice. (saluant.)
Madame, tous mes hommages !

Louise embrasse la directrice et s'en va, suivie de son
frère.

SCÈNE IV

LA DIRECTRICE, puis FLORENCE, ARABELLE,
JUSTINE.

LA DIRECTRICE, rappelant les petites Jackson.

Mesdemoiselles... vous pouvez revenir.

ARABELLE.

Nous voici, madame.

FLORENCE, courant vers le jardin.

Il est très bien, cet officier.

LA DIRECTRICE, sévère.

Mesdemoiselles Arabelle et Florence, voulez-vous
venir ici, tout de suite !

FLORENCE.

Me voici, madame !

LA DIRECTRICE.

Mesdemoiselles, vous allez rester toutes les deux
seules à la pension, sous la surveillance d'une nouvelle sous-maîtresse, mademoiselle Chamorin, qui
devrait déjà être arrivée... Moi, aussi, je vais pren-

1.

dre des vacances bien gagnées... Vous me promet-
tez d'obéir à votre nouvelle sous-maîtresse?

ARABELLE et FLORENCE.

Oh ! oui ! madame la Directrice !

LA DIRECTRICE.

Au revoir, mes enfants. Bonjour, Justine !

Elle les embrasse et s'en va par le jardin.

JUSTINE, ARABELLE et FLORENCE, du fond.

Bonnes vacances, madame !

SCÈNE V

FLORENCE, ARABELLE, JUSTINE.

FLORENCE.

Hélas ! Tout le monde s'en va, excepté nous !

ARABELLE.

Ne prends pas ces airs attristés, Florence ! Le
temps des pleurs est passé. Pour la neuvième fois,
c'est vrai nos camarades s'en vont en vacances sans
nous !

FLORENCE.

Hélas !

ARABELLE.

Nos pères sont associés, là-bas, à Saïgon. Ils ont
juré de ne revenir qu'après avoir fait fortune et nous
avoir amassé une très forte dot... Ils se tiennent
parole.

FLORENCE.

Ils se contentent de nous écrire chaque mois !

JUSTINE.

C'est pas trop !

ARABELLE.

Notre existence est devenue celle de véritables prisonnières, depuis neuf ans, et puisque nos chers papas ne viennent pas à nous, c'est nous qui irons à eux.

FLORENCE, effrayée.

Oui, mais... toutes seules.

ARABELLE.

Justine a promis de nous accompagner.

JUSTINE.

Je n'ai qu'un ou deux ans de plus que vous... Mais je n'ai pas froid aux yeux... et vous serez sous bonne garde... je vous en réponds! Seulement faut pas que Janicot l'ordonnance de M. Frédéric, le sache tout de suite !

ARABELLE.

Tu veux faire une surprise à ton futur mari !

JUSTINE.

Oui... c'est seulement quand je serai sur le navire où il est marin qu'il saura la vérité... sans ça, il m'empêcherait de partir.

ARABELLE...

Soit !.. Dans un mois, nous serons à Saïgon et, tombant dans les bras de nos papas étonnés, nous leur crierons : « C'est nous, vous ne vous attendiez pas à nous revoir, mais c'est nous, tout de même ! »

FLORENCE.

Comment comptes-tu réaliser ton projet?

ARABELLE, mystérieuse.

Grâce à un complot !

FLORENCE.

Un complot ?

ARABELLE.

Ourdi avec M. Frédéric, le neveu de la Directrice.

FLORENCE.

Qui ne vient voir sa tante que pour tes beaux yeux.

ARABELLE.

Où serait le mal ? M. Frédéric est enseigne dans une compagnie de transports... il est de bonne famille... il m'aime... j'espère qu'il plaira à mon père autant qu'à moi.

FLORENCE.

Comment pourra-t-il nous faire quitter la pension avec le Cerbère qui veille à la porte ?

ARABELLE.

M. Frédéric doit apporter des vêtements masculins à notre intention...

FLORENCE, effrayée.

Des vêtements d'hommes pour nous ?

ARABELLE.

Grâce à eux, nous pourrons quitter cette maison sans être reconnues du portier.

FLORENCE.

C'est infernal, cette idée-là !..

On sonne.

ARABELLE.

On sonne, n'ayons pas l'air de conspirer.

Sortent Arabelle et Florence.

SCÈNE VI

JUSTINE, puis FRÉDÉRIC, JANICOT.

JUSTINE, regardant à droite.

Enfin voilà mon Janicot avec son lieutenant!

FRÉDÉRIC, entrant.

Bonjour, petite !

JUSTINE, pinçant Janicot.

Bonjour, mon Janicot !

JANICOT, en marin, portant une valise, il pousse un cri.

Aïe !

FRÉDÉRIC.

Qu'est-ce que c'est ?

JANICOT, saluant militairement.

Mon lieutenant, c'est Justine qui m'a pincé, c'est ma fiancée adorée! Nous allons nous mettre ensemble... surtout le soir !

FRÉDÉRIC, soucieuse.

Laissez-nous, Justine.

JUSTINE.

Bien, mon lieutenant !

Elle s'en va par le jardin à gauche.

JANICOT, lui envoie un baiser.

Oh ! j'ai mal visé !

Il en envoie un autre.

SCÈNE VII

FRÉDÉRIC, JANICOT.

FRÉDÉRIC.

Tu as bien mis, dans la valise, un uniforme d'enseigne et un de mousse ?

JANICOT.

Oui, mon lieutenant. J'en ai même apporté deux de chaque, afin que l'on puisse choisir. Mais pour quoi que c'est faire, mon lieutenant ?

FRÉDÉRIC.

Pour le moment, ça ne te regarde pas... Tu le sauras plus tard ?

JANICOT, saluant.

Bien, mon lieutenant !

FRÉDÉRIC.

C'est bien ! tu es le modèle des ordonnances. Tu es mieux que ça, Janicot, tu es un ami.

JANICOT.

Mon lieutenant me flatte.

FRÉDÉRIC.

Je sais que je peux avoir toute confiance en toi !

JANICOT.

Pour ça...

FRÉDÉRIC.

Et que ton dévouement est absolu !

JANICOT.

Mon lieutenant, on me dirait de me jeter dans le

feu, j'irais sans barguigner, ou dans l'eau, j'irais
encore plus vite, mon lieutenant !

FRÉDÉRIC.

Je le sais, Janicot, et je t'en remercie... Maintenant, prends ta valise, va à l'office. Tu te feras servir à boire et à manger et tu attendras mes or-
dres...

JANICOT.

Bien, mon lieutenant... nous embarquerons ce
soir... je ne serai pas fâché de me lester avant le
départ.

FRÉDÉRIC.

Tu me réponds de la valise ?

JUSTINE.

Oui, mon lieutenant.

FRÉDÉRIC.

Ne pince pas trop Justine.

JANICOT, riant bêtement.

Ça, j'en réponds pas absolument, mon lieutenant !

Il sort par le jardin.

SCÈNE VIII

FRÉDÉRIC, ARABELLE.

FRÉDÉRIC.

Abuser de la confiance de ma pauvre tante qui me
reçoit ici comme un fils respectueux !.. Mais comment refuser à mademoiselle Arabelle le premier
service qu'elle me demande ?

ARABELLE, entrant du fond, avec prudence.

Monsieur Frédéric !

FRÉDÉRIC, se détournant vivement.

Mademoiselle Arabelle !

ARABELLE.

M'apportez-vous ce que je vous ai demandé ?

FRÉDÉRIC.

Quelles folies me faites-vous commettre, mademoiselle ?

ARABELLE.

On dit que lorsqu'on aime, on ne raisonne pas,
ne raisonnez pas, monsieur Frédéric, ou bien, je
croirai que vous ne m'aimez plus !

N° 2.

Duo.

ARABELLE.

Vous m'aimez, m'avez-vous dit un jour,
Et depuis mon âme est songeuse.
 Je rêve d'éternel amour,
 Au loin, dans une vie heureuse !

FRÉDÉRIC.

Mais hélas ! j'attends, sans espoir,
Qu'en France vienne votre père.
Reviendra-t-il ? Ah ! de le voir,
De plus en plus je désespère.

ARABELLE.

Aussi j'ai formé ce projet
Hardi, ce projet téméraire,
C'est moi qui ferai le trajet
Et j'irai rejoindre mon père.

FRÉDÉRIC.

Y pensez-vous ? A Saïgon
Le voyage et la traversée,
Obtiendrez-vous votre pardon
Pour une aussi folle équipée?

Valse.

ARABELLE.

Le doux souvenir
De celui que j'aime
Saura soutenir
Mon courage même...

Si quelque danger
Se présente en route,
Pour le conjurer
Il suffit sans doute,

De penser à vous
Aux douces prouesses
Faites entre nous
Aux heures d'ivresse !

Aussi les périls,
La peur, les orages
S'envoleront-ils
Comme des nuages !

FRÉDÉRIC.

Mon Arabelle, vos projets
Sont fous ! mais pour n'y point souscrire
Il faudrait maintenant se dire :
Adieu, nos amours, à jamais !

Reprise de la valse.

ARABELLE.

Une fois là-bas
Auprès de mon père,
Auquel même hélas !
J'aurai pu déplaire

Je dirai : « Papa !
Il faut qu'on pardonne,
Car si je suis là !
La raison est bonne !

J'aime avec ardeur,
Amour invincible !
J'ai donné mon cœur,
C'est irrémissible ! »

ENSEMBLE.

Accorde à présent,
A ta chère fille
Ton consentement,
Crée une famille !

SCÈNE IX

Les Mêmes, FLORENCE, JUSTINE.

FLORENCE, entrant de gauche, gaiement et gentiment.

On n'est pas indiscrète ?

JUSTINE.

On peut entrer ?

ARABELLE.

Au contraire. Vous arrivez fort à propos... Vous
allez être mise au courant de ce que nous allons faire.

FRÉDÉRIC, à Justine.

Janicot va vous remeltre une valise qui contient des vêtemeuts d'hommes.

JUSTINE.

Bien, monsieur!

ARABELLE.

Nous allons les revêtir... et nous sortons, toutes trois, à la barbe du portier qui nous prend pour M. Frédéric...

JUSTINE.

Pour Janicot et un autre Mathurin de ses camarades...

FLORENCE.

Je n'oserai jamais!

ARABELLE.

Aprés, nous courons au port... nous nous embarquons sur le paquebot qui fait le service de Marseille à Saïgon... et où vous êtes enseigne...

FRÉDÉRIC.

J'ai le bonheur de vous voir, chaque jour, durant la traversée...

JUSTINE.

Comme moi j'ai celui de voir mon Janicot... ce que je le repincerai!...

FRÉDÉRIC.

C'est bien d'ailleurs, ce qui m'a décidé à commettre cette folie.

JUSTINE.

Et moi, cette bourde!...

ARABELLE.

Mais il ne faut pas que l'on s'aperçoive de nòtre

évasion avant que nous n'ayons eu le temps de nous enfermer dans nos cabines, sur le bateau...

FLORENCE.

Sans cela on vous rechercherait...

JUSTINE.

Et l'on serait capable de vous coffrer à la pension pour dix nouvelles années !

ARABELLE.

Pour éviter cela, il faudrait trouver quelqu'un qui consentît à nous remplacer, Florence et moi, durant quelques heures.

FLORENCE.

Si quelqu'un prenait notre uniforme, nous aurions l'air d'être toujours à la classe ou dans le jardin...

FRÉDÉRIC.

Je comprends bien ! mais par qui vous remplacer ?

ARABELLE.

Ça, c'est votre affaire. Une fois que nous serons parties, débrouillez-vous, M. Frédéric.

FLORENCE, riant.

Ayez de l'imagination !

JUSTINE.

Et même du génie.

Elles entrent à gauche.

SCÈNE X

FRÉDÉRIC, puis ANGÈLE LAMIRAL et MADAME
LAMIRAL.

FRÉDÉRIC, il rit.

Ça ne me donne pas une idée, ça !... Comment les
remplacer ?... Dites donc, mesdemoiselles ?

Il sort derrière elles.

VOIX DU PORTIER, au dehors.

On ne pénètre pas !

ANGÈLE, entrant.

En v'là, un sale pipelet... Je lui dis que j'ai à parler au neveu de la directrice et il veut m'empêcher
d'entrer !

MADAME LAMIRAL.

Comme si on empêchait des femmes comme nous
de pénétrer où elles veulent !

ANGÈLE.

La clé de sa loge était à l'extérieur de sa porte.

MADAME LAMIRAL, montrant la clé.

Ça n'a pas été long à le coffrer.

Frédéric entre.

FRÉDÉRIC.

Elles ne m'ont rien dit du tout ! Sapristi ! Angèle
et madame Lamiral !

ANGÈLE, à Frédéric.

Enfin ! je te retrouve, je ne m'étais pas trompée ;
tu étais bien entré dans cette boîte.

MADAME LAMIRAL.

Angèle, ma fille, calme-toi, nous sommes ici dans un sanctuaire de vertu!

ANGÈLE.

Toi, m'man, la barbe!

FRÉDÉRIC, à part.

Ça va mal!

Couplets.

I

ANGÈLE.

Je suis artiste de mérite,
Mais l'on méconnaît mon talent.
Hélas! que d'artistes d'élite
Pour qui l'on fit pareillement!
On me devrait condescendance!
Mais je chante dans un beuglant,
Ça suffit pour ma déchéance,
Le public me blague! Ignorant!

Avec dignité.

Mon talent n'est pas banal,
En tout cas
On ne se fiche pas
D'Angèle Lamiral! d'Angèle Lamiral!

II

Toi-même, as su me comprendre?
Non! Tu n'es pas à la hauteur!
Tu n'as pas, toi, mon âme tendre!
Ni les richesses de mon cœur!
Apprends que ce cœur d'amoureuse
Est grand comme deux fois le tien,

A l'avenir, plus généreuse,
Que d'amants s'y logeront bien!

Tu croyais mon cœur banal,
En tout cas
On ne lâche pas
Angèle Lamiral ! Angèle Lamiral !

FRÉDÉRIC.

Mais qui songe à se moquer de toi?

MADAME LAMIRAL, haussant les épaules.

Des idées que se fait l'enfant !

ANGÈLE.

Mais tais-toi donc, m'man, que je te dis. (A Frédéric.)
Tu n'étais pas, hier, au beuglant. C'était déjà louche... aujourd'hui, je te trouve dans un pensionnat
de jeunes filles... Tu es amoureux d'une petite oie
blanche; tu veux me lâcher pour te marier.

FRÉDÉRIC, calmant Angèle.

Pardon ! je n'ai pas pu me faire à tes manières
communes. Il était convenu depuis un mois que ce
petit béguin était mort et enterré...

ANGÈLE.

Frédéric! tant que tu étais avec moi, j'avais du
succès...

MADAME LAMIRAL.

Angèle était l'étoile incontestée du beuglant : *les
Trois Chameaux...*

FRÉDÉRIC.

J'avais beaucoup d'amis dans la salle... Alors, nous
en imposions peut-être un peu ?

ANGÈLE.

Enfin ! que ce soit pour une raison ou pour une autre, jamais je n'avais été blaguée.

FRÉDÉRIC.

Eh ! bien ! ça a donc changé ?

ANGÈLE.

Comment ! Tu ne sais pas ce qui s'est passé, hier soir?...

FRÉDÉRIC.

Non !

ANGÈLE.

Au moment où j'entre en scène... une avalanche de sous et d'oranges...

MADAME LAMIRAL, pleurnichant comiquement.

Les oranges, on les avait achetées à mon bar !... Ma plus forte recette de l'année, sur la tête de ma fille !

ANGÈLE.

Les sous... je les ramasse... Y a pas de petites économies... Pendant que maman avait le toupet de crier, montée sur son bar : Jetez toujours, mes enfants, ça fait aller le commerce !

MADAME LAMIRAL, criant.

Qui qu'en veut ! A trois sous, la Valence ! la belle Valence !...

ANGÈLE.

Après les sous, je ramasse les oranges... Mais je ne les garde pas, elles !... V'li... v'lan !... sur le public !

MADAME LAMIRAL.

En criant : « Allez donc ! Tas de veaux !... »

FRÉDÉRIC, à part.

J'ai bien fait de rater cette petite partie de plaisir!

ANGÈLE.

Là-dessus! Chahut énorme! Comme tu penses...

MADAME LAMIRAL.

On éteint l'électricité! Pelotage carabiné. Tu parles, ma chère!...

ANGÈLE.

Le commissaire intervient...

MADAME LAMIRAL.

On nous conduit au poste... avec des égards... mais
au poste!

FRÉDÉRIC.

Sapristi de sapristi!

ANGÈLE.

Ce matin, le directeur me résiliait dare-dare... et
me v'là sans engagement... sur le pavé de Marseille.

MADAME LAMIRAL.

Mais ça ne peut pas durer comme ça!

FRÉDÉRIC.

Bast! tu en trouveras un autre, à l'étranger!

ANGÈLE, à Frédéric.

C'est tout ce que tu offres comme consolation?

MADAME LAMIRAL.

C'est maigre!

FRÉDÉRIC.

Qu'est-ce que vous voulez que je vous offre?...

MADAME LAMIRAL.

Pour moi, ça sera une fine champagne!

FRÉDÉRIC.

Il ne s'agit pas de ça!

ANGÈLE.

Au moins, notre voyage à Paris, en deuxième classe... pour aller voïr un correspondant théâtral...

MADAME LAMIRAL.

Qui nous trouvera une autre situation...

FRÉDÉRIC, songeur.

Attendez! je ne dis pas non... à une condition..

ANGÈLE et MADAME LAMIRAL.

Laquelle?...

FRÉDÉRIC, à Angèle.

Tu vas me rendre un petit... oh! un tout petit service.

ANGÈLE, étonnée.

Un service!...

FRÉDÉRIC.

Pour une heure ou deux, tu vas t'habiller en pensionnaire..

MADAME LAMIRAL, étonnée.

Hein!

FRÉDÉRIC.

Tu te laisseras prendre pour une demoiselle Arabelle Jackson ..

ANGÈLE, jouant la dignité.

Ma rivale... peut-être?

MADAME LAMIRAL, même jeu.

Nous ne mangeons pas de ce pain-là, monsieur!

FRÉDÉRIC, sans s'émouvoir, à madame Lamiral.

Ne dites donc pas de bêtises... Vous allez monter

au premier étage... là, vous trouverez un uniforme
de la pension pour votre fille, vous l'aiderez à l'en-
dosser... et je vous verse le prix de vos deux tickets
pour Paris.

ANGÈLE.

C'est sérieux ce que tu dis là?

MADAME LAMIRAL.

C'est bête à manger de la paille !

FRÉDÉRIC.

En somme, c'est un rôle à jouer cela. C'est encore
de l'art...

ANGÈLE, à madame Lamiral.

Au fait, pourquoi pas, m'man?

MADAME LAMIRAL.

Tenez !... Payez-nous des premières classes et nous
signons l'engagement.

FRÉDÉRIC.

Deux sleeping-cars, si vous voulez.

MADAME LAMIRAL, prononçant à la française.
Deux sleeping! j'accepte !...

ANGÈLE.

Par où sors-je?

MADAME LAMIRAL.

Alors moi... Qu'est-ce que je ferai?...

FRÉDÉRIC.

Vous resterez dans la coulisse.,. comme à l'ordinaire... mais vous profiterez tout de même des petits bénéfices... toujours comme à l'ordinaire, madame Lamiral!...

MADAME LAMIRAL, digne.

Ma fille, je crois qu'on insulte ta mère!

ANGÈLE, tranquillement.

Oui, m'man!

MADAME LAMIRAL.

Ça ne t'offusque pas?

ANGÈLE.

Non! m'man!...

Elle disparaît à gauche.

MADAME LAMIRAL.

Le respect s'en va, monsieur!

FRÉDÉRIC.

Eh! bien! faites comme lui, ma bonne madame Lamiral, allez-vous en aussi!...

MADAME LAMIRAL, pincée.

Vous avez bien de l'esprit pour un officier de marine!

Elle disparaît à la suite de sa fille.

SCÈNE XI

FRÉDÉRIC, puis JANICOT.

FRÉDÉRIC.

Ça m'en fait une... ce n'est pas énorme... mais c'est un commencement! (On entend Janicot qui chante à la cantonade.) Janicot! Oh! tant pis, ma foi! aux grands maux, les grands remèdes.

JANICOT, entrant, la figure épanouie.

Oh! ça va mieux, mon lieutenant!

FRÉDÉRIC.

Janicot, avance à l'ordre! T'es-tu jamais figuré que tu pouvais devenir une femme?

JANICOT, ahuri.

Qu'est-ce que dit mon lieutenant?

FRÉDÉRIC.

T'es-tu jamais imaginé que tu pouvais être, un jour, une jeune fille?...

JANICOT.

Non, mon lieutenant!

FRÉDÉRIC.

Eh bien, Janicot, ce beau jour est arrivé!

JANICOT, interloqué.

S'il vous plaît, mon lieutenant?

FRÉDÉRIC.

Dans une demi-heure, tu seras l'une des pension‑ naires de cet établissement.

JANICOT, sans comprendre.

Mon lieutenant veut plaisanter?

FRÉDÉRIC.

Et tu t'appelleras Florence!

JANICOT, résigné.

Florence! un nom de ville, bien, mon lieutenant!

FRÉDÉRIC.

D'ailleurs, ton changement de sexe ne durera guère qu'une heure ou deux.

JANICOT.

Ça suffira à mon bonheur, mon lieutenant.

FRÉDÉRIC.

Ne fais pas le difficile! Un peu plus, j'étais forcé, moi-même, sans l'obligeance de mademoiselle An‑ gèle Lamiral, de devenir ta cousine.

2.

JANICOT, ému et ébloui.

La cousine de mon lieutenant!... Ça c'était trop! J'aurais jamais osé espérer ça, même dans mes rêves.

FRÉDÉRIC.

Va au dortoir des grandes, tu y revêtiras un uniforme de jeune fille.

JANICOT, sérieux, saluant militairement.

Bien, mon lieutenant! (Frédéric entre à gauche, à part.) Je crois tout de même, que le lieutenant, y déménage!... (Il entre à gauche.) Alors c'est par là, le dortoir des grandes! J'espère que dans les grandes, il y en aura une grosse?

Il sort.

SCÈNE XII

FRÉDÉRIC, puis MADEMOISELLE CHAMORIN.

FRÉDÉRIC.

Maintenant, mesdemoiselles Jackson peuvent partir!

MADEMOISELLE CHAMORIN, paraissant au fond, une valise à la main, type de vieille gouvernante.

Pardon, monsieur!... un jeune homme dans une pension de jeunes filles... M. le neveu de la directrice, sans doute?

FRÉDÉRIC.

En effet, mademoiselle... je vous ferai observer que c'est le moment des vacances et que la pension est vide.

MADEMOISELLE CHAMORIN.

Il y reste mesdemoiselles Jackson, j'espère?... Car je viens spécialement pour les garder, en remplacement de votre tante.

FRÉDÉRIC, saluant.

Madame Chamorin, probablement?

MADEMOISELLE CHAMORIN.

Elle-même, monsieur! Professeur de danse et de maintien! Je dois débuter par une leçon de danse aux cousines Jackson... à onze heures...

FRÉDÉRIC, consultant sa montre, à part.

Sapristi! j'ai bien fait de me hâter de les remplacer!

MADEMOISELLE CHAMORIN.

En attendant je vais me faire indiquer ma chambre. —

FRÉDÉRIC.

Je crois que vous devez occuper le pavillon dans le jardin!

MADEMOISELLE CHAMORIN.

Mille mercis! Je m'y rends immédiatement.

Elle salue et se retire par le jardin.

SCÈNE XIII

FRÉDÉRIC.

FRÉDÉRIC.

Maintenant, allons préparer l'embarquement de ces demoiselles.

Il sort par le fond, à droite.

SCÈNE XIV

ARABELLE, FLORENCE, JUSTINE.

ARABELLE, en costume d'enseigne.

Hé! mais ça ne me va pas si mal, ce costume!...
Es-tu là, Janicot?...

JUSTINE, en matelot.

Me v'là! mon lieutenant!

FLORENCE, en matelot.

Si l'on reconnaît là-dessous les petites Jackson?

JUSTINE.

Une fois dehors, que ferons-nous sous ce costume,
mesdemoiselles?

FLORENCE.

Nous achèterons de jolies robes à la mode... pour
nous trois! nous nous embarquons!...

ARABELLE.

Et après? Vogue la galère!...

N° 4.

Terzetto de l'Evasion.

ARABELLE.

Partons à la conquête
De nos papas!...
Que rien ne nous arrête
Jusque là-bas!
A travers notre route
Nous trouverons
Mille obstacles, sans doute.

Nous les vaincrons !
S'il nous faut du courage
Nous en aurons.
On vous craint davantage
Etant garçons !

LES TROIS, ensemble.

Partons à la conquête

De ⎰ nos ⎱ papas !
⎱ vos ⎰

Que rien ne nous arrête
Jusque là-bas.

Elles s'esquivent par le fond.

SCÈNE XV

MADAME LAMIRAL, ANGÈLE, puis JANICOT.

MADAME LAMIRAL, sortant de gauche.

Voici l'enfant ! (Elle désigne Angèle qui entre en pensionnaire.) Est-ce nature, hein ?

ANGÈLE, habillée en pensionnaire entrant et sautant à la
corde.

Ça me rappelle le temps où tu m'avais fourrée en
pension, à Vincennes, pour te débarrasser de moi,
m'man !

MADAME LAMIRAL.

C'était c't animal de baron qui pouvait pas te
souffrir... pauv' chérie. (Elle l'embrasse.) J' suis un peu
braque... mais je t'aime bien au fond.

JANICOT, entrant de droite, un cerceau à la main, également en pensionnaire, à part.

Oh ! une vraie pensionnaire !

ANGÈLE, à part.

Une pensionnaire authentique!

MADAME LAMIRAL, bas à Angèle.

Je vais voir qui c'est? (A Janicot.) Comment, pomme d'api, vous appelez-vous? Répondez, ma petite amie?

JANICOT.

Vous ne me reconnaissez pas? Je suis la grosse du dortoir des grandes. Et vous?

MADAME LAMIRAL.

Elle? C'est la grande du dortoir des petites!

ANGÈLE.

Comment, ma chère, tu ne me reconnais pas? Nous avons sauté à la corde, bien souvent, ensemble!

JANICOT.

Ah! c'est avec toi que je me fichais par terre? (Humant Angèle, puis madame Lamiral.) Mais je connais ce parfum-là! C'est le parfum de la famille Lamiral! Vous êtes mademoiselle Angèle, vous êtes sa mère!

ANGÈLE.

C'est Janicot, l'ordonnance de Frédéric!

JANICOT, riant.

C'est vous qui faites l'autre Jackson?

ANGÈLE.

Un peu, mon neveu! c'est moi, Arabelle!

JANICOT.

Et moi. Ara... toc... (se reprenant.) Non! un nom de ville... ça finit en... ic.

MADAME LAMIRAL.

Copenhague? Stockholm?

JANICOT.

J'y suis! Florence! Je savais bien que ça finissait
en *ic!* (Se promenant.) Mais qu'est-ce que vous en dites?

JANICOT.

Joli nom !

SCÈNE XVI

LES MÊMES, MADEMOISELLE CHAMORIN.

MADEMOISELLE CHAMORIN, entrant.

Mesdemoiselles Jackson, sans doute?

ANGÈLE et JANICOT saluant.

Oui, mademoiselle.

MADEMOISELLE CHAMORIN, à madame Lamiral.

Et madame? Une collègue, probablement?

MADAME LAMIRAL.

Madame Lamiral, professeur de littérature !

MADEMOISELLE CHAMORIN.

Oh ! la littérature! Corneille ! Racine !

MADAME LAMIRAL.

Ponson du Terrail !

MADEMOISELLE CHAMORIN, salue.

Madame... Enchantée... Et vous, mademoiselle?

ANGÈLE, se présentant en saluant.

Mademoiselle Arabelle!

JANICOT, révérence gauche.

Mademoiselle ! (A part.) Va te faire foutre ! V'là
que je ne me souviens plus de mon nom !

ANGÈLE, lui soufflant.

Mademoiselle Florence.

JANICOT, se précipitant.

Mademoiselle Florence... Beau nom de ville, n'est-ce pas?

MADEMOISELLE CHAMORIN, bas, à madame Lamiral.

Cette grosse? C'est une déshéritée de la nature?

MADAME LAMIRAL, bas.

C'est la honte du pensionnat! Nous n'avons jamais pu rien en faire!

MADEMOISELLE CHAMORIN, bas.

Danse-t-elle, au moins?

MADAME LAMIRAL.

Mal!

MADAME CHAMORIN.

Nous, allons d'ailleurs, en juger. Nous commencerons aujourd'hui par la leçon de danse! Savez-vous le menuet?

JANICORT.

Si nous savons le menuet! (A Angèle, changeant de ton.) Qu'est-ce que c'est que ça?

ANGÈLE.

Tu n'auras qu'à faire comme moi!

MADEMOISELLE CHAMORIN.

Il faudrait que quelqu'un *tinsse* le piano?

MADAME LAMIRAL.

Je le *tinsserai*, si vous le voulez, mademoiselle?

MADEMOISELLE CHAMORIN.

Tout alors? la littérature? la musique?

MADAME LAMIRAL.

J'ai quelquefois accompagné les chansons de ma fille !

MADEMOISELLE CHAMORIN.

Vous avez été mariée ?

MADAME LAMIRAL.

Non, c'est-à-dire... j'ai divorcé. (A part.) Souvent.

Elle se met au piano.

MADEMOISELLE CHAMORIN, à Angèle.

Vous ferez le cavalier. (A Janicot.) Et vous la femme.

JANICOT, à part.

Naturellement... je m'y attendais !

MADEMOISELLE CHAMORIN.

Commençons ; jouez un menuet, madame Capitaine.

MADAME LAMIRAL, la reprenant.

Lamiral ! Excusez-moi, si je bafouille... je joue plutôt des airs de bastringue, en général !

MADEMOISELLE CHAMORIN, étonnée, à part.

Ah ! quel drôle de pensionnat !

N° 5.

Menuet.

Ensemble.

MADEMOISELLE CHAMORIN, tout en dansant explique le menuet à Janicot et à Angèle.

Dans le menuet,
Gracieux et coquet,
Trois pas en avant,
Puis très galamment,

3

On salue gracieusement
En se courbant
Et puis en cadence
Avec nonchalance,
Une très longue révérence...

ANGÈLE et JANICOT, entre eux.

Dans le menuet
Gracieusement
Trois pas en avant,
C'est fort assommant
De saluer en se courbant,
Très gracieusement !

JANICOT.

Moi, la seule danse
Qu'a ma préférence
C'est la polka... pleine d'entrain !

Bas à madame Lamiral.

La polka des Mathurins,
La polka, y a qu'ça !

JANICOT et ANGÈLE, dansant la polka que madame Lamiral joue au piano.

La polka, y a qu'ça !
Ah ! Ah ! Ah !

Ils marchent sur mademoiselle Chamorin qui recule, devant eux, interloquée.

MADEMOISELLE CHAMORIN.

Que vois-je ? Est-ce ainsi vraiment
Qu'on danse habituellement ?

MADAME LAMIRAL.

C'est la danse du beuglant !

JANICOT.

C'est la danse des trois chameaux !

ANGÈLE.

Mais nous pouvons, au plus tôt,
Reprendre l'autre,
La vôtre !

Reprise générale du menuet.

Dans le menuet,
Gracieux, coquet,
Trois pas en avant,
Puis très galamment,
On salue en se courbant,
Et puis en cadence,
Avec nonchalance
Une très grande révérence !

MADEMOISELLE CHAMORIN, parlé.

A la bonne heure ! C'est exquis !

Janicot et Angèle reprennent l'air de la polka, en pour-
suivant, de nouveau, mademoiselle Chamorin, qui sort,
devant eux, en levant les bras au ciel.

SCÈNE XVII

JONATHAN, JACKSON, puis MADEMOISELLE
CHAMORIN.

JONATHAN, s'orientant du fond, dans le jardin.

Voilà qui est un peu fort ! C'est le portier qui au
fond de sa loge me crie de lui ouvrir la porte !

JACKSON, paraissant.

On l'a donc enfermé, cet homme ?

JONATHAN, appelant.

Hè ! la patronne ? Quelqu'un à la boutique, s. v. p. ?

JACKSON.

C'est très gentil, ici ?

JONATHAN.

Nos filles n'ont pas dû s'embêter une minute depuis dix ans qu'elles sont là !

JACKSON.

Jonathan, j'éprouve une émotion à l'idée de revoir ma fille Florence !

JONATHAN.

Et moi, à la pensée d'embrasser enfin, mon Arabelle !

JACKSON.

Sont-elles devenues laides ou jolies ?

JONATHAN.

Grasses ou maigres ?

JACKSON.

Distinguées ou communes ?

JONATHAN.

Dignes enfin de la grande fortune que nous leur avons amassée, et de la maison Jackson et Cie.

N° 6.

Couplets des Pères.

I

Oui, de la Chine et du Japon,
Les plus belles soieries
Se trouvent en notre maison,
Soit dit sans vanteries.

JACKSON, avec importance.

La maison de Saïgon

Des Jackson qu'on envie
Porte fièrement mon mon !

JONATHAN.

Je suis « et Compagnie. »

Ensemble.

La maison porte $\left.\begin{array}{l}\text{mon}\\\text{son}\end{array}\right\}$ nom

$\left.\begin{array}{l}\text{Il est}\\\text{Je suis}\end{array}\right\}$ et Compagnie !

JONATHAN.

II

Et nos richesses reviendront
A nos filles chéries !
Les maris les trouveront
Plus vite très jolies !

JACKSON.

Nos filles, à Saïgon
Déjà on les envie !
Jackson est un beau nom

JONATHAN, protestant.

Avec « et Compagnie ! »

Ensemble.

La maison porte $\left.\begin{array}{l}\text{mon}\\\text{son}\end{array}\right\}$ nom

Etc.

SCÈNE XVIII

LES MÊMES, MADEMOISELLE CHAMORIN.

MADEMOISELLE CHAMORIN, entrant du fond.

Messieurs, le concierge vient de m'informer de votre arrivée.

JONATHAN.

Madame la directrice, sans doute?

MADEMOISELLE CHAMORIN.

Sa remplaçante, messieurs.

JONATHAN.

Je suis Jonathan Jackson, le père d'Arabelle.

JACKSON.

Jackson, le célèbre Jackson, de la maison Jackson et Cie.

JONATHAN, saluant.

C'est moi : et compagnie!

MADEMOISELLE CHAMORIN.

Je quitte à l'instant vos chers enfants, comme elles vont être contentes de vous revoir!

JONATHAN.

Après une absence de dix ans!

JACKSON.

Ce n'est pas un jour, cela!

MADEMOISELLE CHAMORIN.

Je vais les appeler! (Appelant.) Mesdemoiselles...? Vont-elles seulement vous reconnaître après une aussi longue séparation?

JONATHAN.

Nous-mêmes, les reconnaîtrons-nous ?

SCÈNE XIX

LES MÊMES, ANGÈLE, puis JANICOT, puis
MADAME LAMBERT.

ANGÈLE, entrant en fumant une cigarette.

Qu'y a-t-il, mademoiselle ?

MADEMOISELLE CHAMORIN, sévère.

Une cigarette aux lèvres ? Veuillez jeter cela,
mademoiselle ?

JANICOT, bas à Jackson.

Laquelle est-ce que ça peut-être, celle-là.

MADEMOISELLE CHAMORIN.

Je désire vous présenter à des messieurs !

ANGÈLE, ravie.

Ah ! des messieurs ! sérieux ? Ça va !... (Elle salue
comme un gosse.) Bonsoir, messieurs !

JANICOT, entrant.

On nous appelle ! présent !

Il fait le salut militaire.

JONATHAN, à Jackson.

Nom d'un Chinois ! qu'elle est laide !

JACKSON.

Elle est un peu copieuse.

JONATHAN.

J'espère que ce n'est pas la mienne !

MADEMOISELLE CHAMORIN, aux fausses jeunes filles.

Eh bien! ces messieurs, ça ne vous dit rien?
Voyons... regardez-les bien !

ANGÈLE et JANICOT, étonnés, les regardant.

Eh bien?

MADEMOISELLE CHAMORIN.

Vous ne les reconnaissez pas?

JANICOT.

Non !

Silence.

Morceau d'ensemble de la « *Voix du Sang !* »

MADEMOISELLE CHAMORIN, étonnée, aux filles et
aux pères.

Vous gardez le silence?
La voix du sang, ne parle-t-elle pas?

JANICOT, à part.

Hein! Quelle est cette réticence?
Ah! qu'allons-nous apprendre, hélas !

JONATHAN.

J'écoute avec insistance,
Mais cette voix parle si bas
Que vraiment je ne l'entends pas !

MADEMOISELLE CHAMORIN, à Janicot et à Angèle.

A votre père, alors fillettes,
Faites donc de douces risettes !

JANICOT, à part.

Nom de Dieu! Le père à présent!
Ne disons rien pour le moment!

JONATHAN.

Mon Arabelle, quelle est-elle?

MADEMOISELLE CHAMORIN, désignant Angèle.

La voici! vite dans vos bras!

JONATHAN, à part.

Elle est commune, mais assez belle!

Haut.

Allons, venez donc dans mes bras!

ANGÈLE, sans enthousiasme.

Je veux bien, mais ça ne presse pas!

JACKSON, navré, montrant Janicot.

Alors, Florence, c'est forcé!

JANICOT, saluant gauchement.

C'est moi, monsieur! en vérité!

JACKSON, à part, navré.

Qu'elle est laid'!... quelle parenté!
Vrai! C'est une calamité!

MADEMOISELLE CHAMORIN, à Janicot.

Embrassez votre père...

Aux pères.

Et vous, chaque fille si chère!

JACKSON.

Attendez, attendez! ça ne presse pas,
Non, non, non!

JANICOT, avec humeur.

Vous voyez bien qu'il n'y tient pas!

TOUS, ensemble, à part.

Sapristi! Ça n'est pas chaud!
C'est au-dessous de zéro!

MADEMOISELLE CHAMORIN.

Maintenant que les effusions ont eu lieu, je gêne
peut-être vos épanchements de famille... Je vous

laisse heureux pères, heureuses filles! O joies de la famille!

Elle sort par le fond à gauche.

SCÈNE XX

JONATHAN, JACKSON, ANGÈLE, JANICOT.

JONATHAN.

Maintenant, mes enfants, je dois vous faire part du but de notre voyage.

JACKSON.

Nous voulons vous marier!

JANICOT et ANGÈLE vivement.

Vous dites?

JONATHAN.

Avec le dessus du panier des célibataires de l'Indo-Chine! (A Angèle.) Toi, ma fille Arabelle, tu épouseras le riche mandarin Kaolin...

ANGÈLE.

S'il est si riche que ça on pourra voir.

JACKSON, à Janicot.

Toi, ma Florence, tu épouseras le prince Koko.

JANICOT.

Merci, vous êtes bien bon!

JONATHAN.

J'ai là leurs photographies, faites à Saïgon... voyez-les... comme ils sont gentils...

JANICOT, prenant une photographie.

C'est ce petit gros que vous me destinez?

JACKSON, avec orgueil.

C'est le prince Koko!

JANICOT.

Oh! qu'il est vilain!

JONATHAN, bas à Jackson.

La malheureuse! elle se croit mieux que lui!

JACKSON.

Gardez leurs portraits! Vous vous habituerez peu à peu à leur physionomie durant la traversée.

JANICOT, effrayé.

Vous allez faire la traversée avec nous?

JONATHAN.

Naturellement, vous pensez bien que je vais vous ramener tout de suite à Saïgon.

JANICOT, à part.

Eh! bien, il ne manquait plus que cela!

ANGÈLE, à Janicot.

Ah! non! je ne marche plus!

JANICOT, bas.

Qu'est-ce que vous risquez? Faire un chopin énorme là-bas?

ANGÈLE.

Tu as raison, je suis sur le pavé. Advienne que pourra...

JONATHAN.

Maintenant, mes enfants, mon cousin et moi, nous n'avons pas l'habitude des soins à donner aux jeunes filles... il nous faudrait pour le voyage, et en attendant votre mariage, une gouvernante distinguée, instruite et d'une morale sévère.

ANGÈLE.

Qu'est-ce que vous lui donneriez par mois, à cette gouvernante ?

JONATHAN.

Mais... je ne sais... Serait-ce assez cinq cents francs par mois ?

ANGÈLE.

Mettez six cents et j'ai votre affaire !

JANICOT.

Voilà ce que je craignais ; elle va caser sa mère.

ANGÈLE.

Une personne épatante... sérieuse qui ne transige pas avec les mœurs !

JONATHAN et JACKSON.

Parfait ! Son nom !

ANGÈLE.

Madame Lamiral !

JANICOT.

Pan ! ça y est !

JONATHAN.

C'est convenu ! Vous pouvez lui annoncer notre acceptation.

JANICOT, bas à Angèle.

Vous voyez bien ! La fortune vous sourit déjà !

ANGÈLE, ravie.

Va-t-elle être contente !

JONATHAN, à Janicot.

Maintenant, voici notre programme... nous avons quelques courses à faire dans Marseille.

JACKSON.

Nous prenons le premier bateau en partance pour l'Indo-Chine et en route pour Saïgon.

JANICOT, à Angèle.

Le premier bateau en partance, c'est le nôtre. Eh bien! nous voilà frais!

JACKSON et JONATHAN.

A tout à l'heure, mes enfants!

Ils sortent.

ANGÈLE.

Je cours annoncer à maman qu'elle a trouvé une position!

Elle entre à droite, premier plan.

SCÈNE XXI

JANICOT.

Maintenant, Janicot, filons, et pour plus de sûreté, passons par dessus le mur du jardin! En avant!

Il escalade le mur.

SCÈNE XXII

MADEMOISELLE CHAMORIN, entrant.

Que vois-je! Une petite Jackson qui se sauve par le mur de la pension. (Janicot a disparu.) Pourvu qu'elle n'écrase personne en tombant de l'autre côté.

CRIS AU DEHORS.

Aïe! sur la tête!

MADEMOISELLE CHAMORIN.

Ça y est ! Elle est tombée sur la tête de quelque passant !

CRIS AU DEHORS.

A bas la Directrice !

MADEMOISELLE CHAMORIN.

A bas la Directrice ! Quelle affaire ! Au moment où je la remplace !

SCENE XXIII

MADEMOISELLE CHAMORIN, EMMA accourant puis JONATHAN, JACKSON, JANICOT. Des passants des deux sexes, représentés surtout par des soldats, des marins, des bonnes, des marmitons, quelques gamins c'est-à-dire des gens ayant un costume.

Jackson et Jonathan entrent, tenant Janicot par les bras, suivis de la foule.

N° 8.

Petite finale.

TOUS.

A bas la Directrice
Dont le peu de malice
Laisse aussi facilement
S'échapper en un instant
Grâce à sa négligence,
Son peu de surveillance,
S'échapper, sans plus de manières
Une de ses pensionnaires !

JANICOT, à part.

Laissons tout dire, silence !
Quand ils seront tous partis
    On filera, patience,
Pas d'esclandre, ni de cris !

JONATHAN, aux pseudo-filles.

Quant à vous, mademoiselle,
    Après cette évasion,
Il faut, ô fille rebelle,
    Sur vous faire attention.
Où donc est la gouvernante
    Qui, de façon constante
Veillera désormais sur vous,
    Et vous fera filer doux ?

ANGÈLE, entrant de gauche, une valise à la main, prête à
partir.

Elle s'apprête,
Elle met la dernière main
A sa toilette !

A Janicot.

Madame Lamiral, c'est un appui certain !

MADAME LAMIRAL, entrant dans une tenue plus bizarre
que précédemment.

Couplets de la Gouvernante.

I

Pour être gouvernante,
J'étais faite, on ne sait pourquoi !
C'est un métier de fainéante !
Mais honorable, ma foi !

J'ai l'œil sur les jeunes filles,
    Avec moi, pas de galants ;

La confiance des familles
Je l'ai tant... que j'en revends.

Prenez-moi comme gouvernante
Ce sera dans les prix doux !
Vous aurez une surveillante
Comme on n'en voit pas beaucoup,
Laïtou ! Laïtou !

On reprend en chœur le refrain.

ANGÈLE:

II

Certes, cette gouvernante
Nous plaît et nous l'acceptons !
Elle nous paraît charmante,
Toutes, nous nous entendrons.
Mais, candides jeunes filles,
A quoi bon nous surveiller ?
Car, pour commettre des vétilles
Il nous faudrait bien changer.
Vous n'aurez comme surveillante
Pas trop de mal entre nous.
Nous aurons une gouvernante
Pour la forme et voilà tout !
Laïtou ! Laïtou !

On reprend en chœur. Tous serrent la main à mademoiselle Chamorin et s'en vont par le fond.

Rideau.

ACTE DEUXIÈME

Le Paquebot « l'Indo-Chine ».

Le pont du navire vu de côté, c'est-à-dire que l'on voit le
bastingage du côté de la mer et l'arrière du bateau à droite.
— A gauche le bateau se continue sensément dans la coulisse.
— Deux escaliers, l'un à gauche, l'autre à droite descendent
dans l'entrepont. Au milieu, un mât ou bien une cheminée.
Mâts et cordages praticables, ornés d'oriflammes. — Vers
le fond sur une passerelle, le gouvernail.

SCÈNE PREMIÈRE

PASSAGERS et PASSAGÈRES en toilettes printanières.
LE CAPITAINE, LE LIEUTENANT FÉLICIEN
FRÉDÉRIC en enseigne de vaisseau, JANICOT en ma-
rin, JONATHAN, JACKSON, ANGÈLE, MADAME
LAMIRAL.

Tous sont assis sur le pont, les uns fumant, les autres buvant
leur café. — Un groupe, à droite, est formé devant une
petite table, de Jackson, Angèle et madame Lamiral. —
Jonathan et Jackson fument de gros cigares en lisant
un livre. — *Angèle se balance dans un rocking-chair*

en fumant une cigarette, madame Lamiral sirote de petits
verres de liqueur. Tableau d'une traversée sur un paquebot
de voyageurs.

N° 1.

CHŒUR.

Barcarolle.

Quel doux plaisir d'être bercés,
Au gré de la vague qui penche,
Les cordages sont caressés
Par des flocons d'écume blanche.
La brise chante dans les mâts
Qu'effleurent mouettes légères,
Les passagers causent tout bas
Le soir, aux belles passagères !
On rit, la nuit vient lentement,
Le café dans les tasses fume
Et des cigares mollement
L'arome s'exhale et parfume.
Sur l'horizon, les yeux fixés
On parle d'amour, de tendresse...
Quel doux plaisir d'être bercés
    Par le flot qui caresse.

LE CAPITAINE, à Frédéric.

Lieutenant, vous vous chargez du commandement
jusqu'au dîner ?

FRÉDÉRIC.

Bien, mon capitaine. (A Janicot.) Janicot, va me
chercher ma pipe dans ma cabine.

JANICOT.

Bien, mon lieutenant.

Le capitaine s'approche du groupe Jackson.

LE CAPITAINE.

Messieurs, êtes-vous satisfaits de la traversée depuis hier soir?

JONATHAN.

Merci, capitaine, un temps admirable !

ANGÈLE.

Quel air vivifiant !

MADAME LAMIRAL.

Comme ça vous repose des tabagies des villes! Vous ne voulez pas une petite anisette ?

LE CAPITAINE.

Merci, madame. Jamais d'alcool, ni de tabac.

ANGÈLE, malicieuse, tirant une bouffée de tabac.

Le capitaine aime mieux les petites femmes, n'est-ce pas, capitaine?

JONATHAN.

Ma fille... un tel langage au commandant.

JACKSON, bas à Jonathan.

Elle est plus gentille que la mienne. Mais décidément, tu auras du mal à en faire une personne distinguée !

JONATHAN, au capitaine.

Excusez ma fille, capitaine... je vous en prie.

LE CAPITAINE.

Mademoiselle est charmante, au contraire.

ANGÈLE, lui fumant dans la figure.

Quand je vous le disais que le capitaine était un amateur du beau sexe...

LE CAPITAINE, toussant.

Elle est exquise ! (A Jackson.) Et ne verrons-nous

pas votre fille, mademoiselle Jackson, monsieur ?

JACKSON.

Il paraît qu'elle a passé une fort mauvaise nuit à cause du roulis, et que ce matin elle est entrée à l'infirmerie des dames.

LE CAPITAINE.

Ma dernière innovation ! Elle y sera traitée à merveille, vous pouvez être tranquille, monsieur Jackson.

JACKSON.

C'est ce que nous a déjà dit votre lieutenant, M. Frédéric et le matelot Janicot qui nous donne de ses nouvelles...

LE CAPITAINE, à Angèle.

Nous avons ce soir, un concert à bord, au bénéfice de l'équipage... Voulez-vous, mademoiselle, me permettre de vous demander de figurer au programme ?

ANGÈLE, ravie.

Un concert ? Mais c'est mon fort !

MADAME LAMIRAL.

Sa spécialité ! Et s'il y a un bar à tenir... ou même un piano, à la *disposition de usted, signor !*

LE CAPITAINE.

Vous acceptez ? Parfait !

On entend un bruit de cloches.

FÉLICIEN, se levant, à Armand.

Quel est ce rassemblement à l'avant du navire ?

LE CAPITAINE, se levant.

Une tombola en faveur des mousses.

FÉLICIEN, à part.

Peut-être retrouverai-je là cette charmante et jeune

pensionnaire que j'ai entrevue hier au moment de l'embarquement, avec deux petites amies.

Il va vers la gauche.

JONATHAN, se levant.

On tire la tombola ! N'oublions pas que nous avons pris des billets, Jackson !

JACKSON.

Allons voir si nous avons gagné.

LE CAPITAINE.

Allons-y, messieurs ! (Saluant Angèle.) Mademoi-selle !

ANGÈLE, très aimable et même aguichante.

Au revoir, mon beau capitaine !

LE CAPITAINE, à part.

Mon beau capitaine !... C'est incroyable, je crois rêver ! je reviendrai !

Il rejoint Jackson et Jonathan.

SCÈNE II

MADAME LAMIRAL, ANGÈLE, puis FRÉDÉRIC.

MADAME LAMIRAL.

Ah, ça !... Est-ce que tu es folle ? V'là maintenant que tu fais de l'œil au capitaine... un vieux loup de mer !

ANGÈLE, riant.

J'ai connu des élèves du Borda, des enseignes, des lieutenants, jamais de capitaines. Je voudrais combler cette lacune.

MADAME LAMIRAL.

Je ne sais pas comment se conduisent les jeunes
filles du monde .. mais y me semblr qu'elles ne doivent pas faire de *l'œil aux hommes... le premier
jour...* Elles doivent attendre un certain temps mo-
ral ; tu oublies que tu es une jeune fille pure, mademoiselle Arabelle, fille d'un riche commerçant de la
maison Jackson et Cie.

ANGÈLE, fumant.

C'est bon ! c'est bon ! On fera attention. Mais je
vais pas me raser tout le temps, parce que je suis
honnête.

MADAME LAMIRAL.

Le fait est que c'est difficile de rester convenable
avec ces crapauds d'hommes qui vous aguichent tout
le temps.

ANGÈLE.

A qui le dis-tu ?

MADAME LAMIRAL.

Ainsi moi... qui ne suis plus complètement une
jeunesse... tu ne croirais pas une chose ?... Eh bien !
ton père me fait de l'œil.

ANGÈLE, riant.

Non !

MADAME LAMIRAL.

Parole !... seulement... je le fais à la froideur et à
la réserve... pour commencer !

ANGÈLE.

Chut ! Monsieur Frédéric.

MADAME LAMIRAL.

Ce n'est pas malheureux ! A peine si nous l'avons
vu, depuis le départ.

FRÉDÉRIC.

Bonjour, mes enfants! Quelle histoire, croyez-vous?

ANGÈLE.

Janicot t'a raconté l'arrivée des pères Jackson à la pension et tout le tremblement?

MADAME LAMIRAL.

Quelle affaire?

FRÉDÉRIC.

Et quel contre-temps. Sans compter la suite !... Si je m'en tire!

ANGÈLE.

Qu'a fait Janicot après notre embarquement, hier soir ?

FRÉDÉRIC.

Il a lestement enlevé son costume féminin, il a endossé ses habits de marin... il a repris son service... Voilà !

MADAME LAMIRAL.

Moi, M. Jackson m'a demandé ce matin pourquoi sa fille ne paraissait pas sur le pont. Je lui ai répondu, selon vos instructions, qu'elle souffrait du mal des dames à l'infirmerie des mères... (se reprenant.) Non ! du mal de mer à l'infirmerie des dames... et qu'elle ne paraîtrait pas de la journée : ça a très bien pris !

FRÉDÉRIC.

Continue à passer pour mademoiselle Arabelle Jackson... dusses tu épouser toi-même son mandarin...

ANGÈLE.

Ah ! non, un homme déjà jaune... avant le mariage !... tu sais... ça ne me dit rien... lui soutirer de la galette... sans marcher... soit! Mais aller plus loin? non!

MADAME LAMIRAL, haussant les épaules.

Mon Dieu! qu'on est bête quand on est jeune!... Tenez, un jour, à Dakar, j'avais dix-huit ans... un superbe nègre... d'un beau noir d'ébène, plongeait auprès du bateau, afin d'aller chercher des pièces blanches au fond de l'eau... Il me faisait des signes... avec des yeux blancs ..et des dents!...Ah !des dents!.. je refusais dédaigneusement... comme toi!

ANGÈLE et FRÉDÉRIC.

Eh bien?

MADAME LAMIRAL.

Eh bien! c'était le roi d'un petit pays de là-bas! si j'avais accepté, je serais probablement reine à l'heure qu'il est!

FRÉDÉRIC.

A quoi tiennent les destinées! Eh bien! je ne vous demande que de m'aider à gagner un peu de temps...

MADAME LAMIRAL.

Ça me rappelle encore une histoire...

FRÉDÉRIC.

Ce sera pour une autre fois, madame Lamiral, allez prendre un cocktail au bar, avec votre fille... j'ai à parler aux demoiselles Jackson...

ANGÈLE.

Au bar? C'est une idée! Il y a des passagers chics?

FRÉDÉRIC.

N'oublie pas, surtout que tu portes le nom respecté de mademoiselle Arabelle Jackson.

MADAME LAMIRAL.

Mais oui. Elle est ici pour se reposer ! Nous faisons relâche ! Ah ! si j'avais pu, étant jeune, chômer un peu de temps en temps !... comme me disait madame Bertrand, quand c'était mon jour de sortie : « Mon enfant, profite de ta journée de congé pour te reposer... c'est encore ce qu'il y a de plus agréable. »

ANGÈLE, avec impatience.

Allons prendre notre cocktail, m'man !

MADAME LAMIRAL.

Deux... trois cocktails, mon enfant !

Elles disparaissent dans l'entrepont vers la gauche.

SCÈNE III

JUSTINE, puis JANICOT.

JUSTINE, sortant d'une cabine, elle est habillée très correctement comme une jeune fille de famille.

Enfin ! ces demoiselles m'ont permis de sortir de notre cabine afin d'aller aux nouvelles ?...

JANICOT, arrivant de droite.

V'là votre pipe, mon lieutenant !... Tiens ! y n'est plus là ?

JUSTINE.

Janicot ! coucou !

JANICOT.

Justine !... c'est toi !... (Il l'embrasse.) Le lieutenant m'a mis au courant de votre truc, après votre départ... Mais depuis, il s'en est passé des manigances !... mais, dis donc, tu es rien chouette !

4

JUSTINE.

Un cadeau de ces demoiselles... Avant de nous embarquer, nous avons été acheter des toilettes... Elles m'ont dit : « Justine, tu n'es plus une petite bonne, tu es notre amie, tu t'habilleras comme une vraie demoiselle ». Et voilà !...

JANICOT.

Tu es encore plus gentille comme ça !... Ça va être très embêtant.

JUSTINE.

Pourquoi donc ?

JANICOT.

Dame ! Durant une traversée... c'est pas facile de se conter des douceurs... alors... ce que ça va me faire enrager !..

JUSTINE, tendrement.

Bah ! on trouvera bien moyen de prendre quelques petits acomptes.

JANICOT.

Oh ! oui ! faudra tâcher, Justine !

Il l'embrasse, le lieutenant paraît, Janicot se met dans la position du salut militaire.

SCÈNE IV

Les Mêmes, FRÉDÉRIC, puis ARABELLE et FLORENCE.

FRÉDÉRIC, à Janicot.

C'est bon ! je n'ai rien vu ! As-tu ma pipe ?

JANICOT.

La v'là, mon lieutenant.

FRÉDÉRIC, la prenant.

Merci, Janicot! Maintenant fichez-moi le camp,
les amoureux... et ne vous faites pas pincer par le
capitaine... parce que, lui, il n'a pas les mêmes rai-
sons d'être indulgent à ceux qui s'aiment...

JUSTINE.

Oh! merci, mon lieutenant!

JANICOT.

Y en a pas un autre aussi bon que mon lieutenant
dans toutes les marines du monde! Et quand je pense
que mon lieutenant m'a dit que j'aurais pu devenir
sa cousine! je me consolerai jamais que ce ne soye
pas arrivé.

FRÉDÉRIC.

Allons, laissez-moi!

JANICOT.

Je vas faire la cabine de mon lieutenant... Est-ce
que Justine peut m'accompagner, mon lieutenant?...

FRÉDÉRIC, avec humeur.

Oh! non! tu ne vas pas me demander de t'écrire
des permissions pour ces choses-là !

JUSTINE, à part.

Est-il bête, ce pauvre Janicot! (Bas, à Janicot.) Ça
se fait.. mais ça ne se dit pas, gros bêta!

JANICOT.

Oh! ben... bien!... Excusez-moi, mon lieutenant..
et merci!...

JUSTINE, l'entraînant.

Viens-t-en, Janicot! Tu es beaucoup mieux quand
tu ne parles pas.

JANICOT.

C'est vrai .. je suis plutôt un homme d'action, mon lieutenant.

Il sort avec Justine, par la gauche.

FRÉDÉRIC.

Je m'en fiche !

SCÈNE V

FRÉDÉRIC, puis ARABELLE et FLORENCE.

FRÉDÉRIC.

Maintenant, tâchons de voir mesdemoiselles Arabelle et Florence, afin de leur expliquer...

ARABELLE, apparaissant de l'escalier de droite.

Psst ! Monsieur Frédéric ! On peut vous parler, enfin ?

FRÉDÉRIC.

Je crois bien, venez vite ! (Arabelle et Florence descendent en scène. Elles sont en toilettes féminines élégantes.) Enfin ! vous voilà !

ARABELLE.

Pas un mot, depuis notre embarquement !

FLORENCE.

Fi ! que c'est laid !

FRÉDÉRIC.

Ah ! mesdemoiselles, si vous saviez tout ce qui s'est passé depuis votre départ de la pension !

ARABELLE et FLORENCE.

Que s'est-il donc passé ?

FRÉDÉRIC.

Je vous le dirai quand nous serons moins surveil-
lés. Apprenez pour le moment que vos pères sont
sur ce bateau.

ARABELLE et FLORENCE, joyeuses.

Quel bonheur !

ARABELLE.

Enfin ! nous allons les revoir !

FLORENCE.

Leur sauter au cou !

ARABELLE.

Et les couvrir de tendres baisers !..

FRÉDÉRIC.

Ne faites pas cela, surtout !

ARABELLE et FLORENCE, contrariées.

Pourquoi ?

FRÉDÉRIC.

Mais, petites malheureuses, si vos pères mettent
la main sur vous... ils vous conduiront dare-dare à
d'atroces maris qu'ils vous destinent... de vrais sau-
vages ! Tenez, voici leurs photographies !

ARABELLE et FLORENCE, résolument.

Oh ! qu'ils sont laids !

FRÉDÉRIC.

Voilà ce que vous avez évité par la fuite !

ARABELLE.

Heureusement.

FRÉDÉRIC.

Attention ! Nos papas !

ARABELLE.

Oh ! je vous en prie, laissez-nous les revoir !...

FLORENCE.

Seulement quelques instants.

ARABELLE.

Ça nous ferait tant de plaisir !

FRÉDÉRIC.

Vous ne vous trahirez pas ?

ARABELLE et FLORENCE.

Nous vous le jurons !

FRÉDÉRIC, s'en allant.

Alors... Je vous laisse. Mais attention !

Il disparaît dans l'entrepont de gauche.

SCÈNE VI

FLORENCE, ARABELLE, JONATHAN, JACKSON.

ARABELLE, bas.

Je reconnais papa ! Il a à peine changé.

FLORENCE.

Un peu blanchi, mon père... mais toujours l'air aussi bon.

ARABELLE, bas.

Oh ! que j'ai envie d'embrasser papa !

FLORENCE, sautant de joie.

Et moi donc !

JONATHAN, à Jackson.

Quelles sont ces jeunes filles qui nous regardent si curieusement ?

JACKSON, saluant.

Mesdemoiselles !..

ARABELLE.

Excusez-nous, messieurs, vous êtes bien messieurs Jackson ?

JACKSON.

En effet, mademoiselle, je suis Jackson.

JONATHAN.

Et moi : « Et Cie. » Vous nous connaissez, mesdemoiselles ?

ARABELLE.

On nous a souvent parlé de vous ! En des termes si chaleureux !

FLORENCE.

Que nous sommes enchantées de faire votre connaissance, messieurs !

JONATHAN.

Qui donc a pu vous parler de nous ?

ARABELLE.

Des amies de pension... vos filles... messieurs... qui souffraient bien de ne pas vous voir, durant de si longues années !..

FLORENCE.

Et qui doivent être bien heureuses de vous avoir retrouvés...

ARABELLE.

C'est si triste de se sentir seules... d'être privées des tendresses d'une mère ou d'un père.

JONATHAN.

Seriez-vous orphelines, mes pauvres petites demoiselles ?

ARABELLE.

Presque...

FLORENCE.

Nous sommes plutôt un peu abandonnées...

ARABELLE, avec émotion.

Aussi, lorsque nous songeons à la joie que l'on doit éprouver quand on retrouve ses parents...

FLORENCE.

Ça nous fait quelque chose ! Rien qu'en pensant que vous êtes les pères de nos amies intimes !..

ARABELLE.

Il se produit en nos cœurs un phénomène singulier... vous nous inspirez une sorte de sympathie soudaine...

FLORENCE.

Plus que cela !

ARABELLE.

Une sorte d'affection déjà sincère !

JACKSON, souriant.

Que nous dites-vous là, mes chères demoiselles ?

N° 2.

Quintette.

ARABELLE et FLORENCE, à Jackson et à Jonathan.

Si bonne est votre figure,
Votre regard est si doux
Qu'une sympathie obscure,
Messieurs, nous attire vers vous.

JONATHAN, JACKSON.

Quoi? Vers nous?

ARABELLE.

Excusez-nous, sans sourire,
Ce que nous pensons tout bas,
Tout haut nous osons le dire :
« Ils pourraient être nos papas! »

JONATHAN, JACKSON.

Leurs papas!

ARABELLE, FLORENCE.

Pardonnez cet enfantillage,

JONATHAN, JACKSON.

C'est un charmant enfantillage !
Mais que leur accueil est gentil !

ARABELLE, FLORENCE.

Tant de bonté nous encourage,
Nous enhardit! nous enhardit!

JONATHAN, JACKSON.

Et cet incident de voyage
Nous divertit! nous divertit!

ARABELLE, à Jonathan.

Pardonnez-moi, monsieur, je tremble,
Mais, quand je vous vois, il me semble
Que je vois mon père... et je veux ..

JONATHAN.

Quoi donc?

ARABELLE, timidement.

Mais...

JONATHAN.

Vous baissez les yeux !

ARABELLE.

Je voudrais vous demander... je n'ose.

JONATHAN, à Jackson.

Peut-on refuser quelque chose
A minois si charmant...

FLORENCE, à Arabelle.

Plus de peur !

ARABELLE, s'enhardissant.

Je demande la faveur
De presser un instant votre main sur mon cœur !

JONATHAN, troublé.

Quelle folie !

ARABELLE, prenant sa main, à part.

O papa ! je vous aime !

FLORENCE.

O papa ! ô mon papa ! je vous aime de même !

FLORENCE, à Jonathan.

Est-ce un mirage ? est-ce un songe ?
Mon cœur s'émeut doucement
Quand je vous vois, messieurs, je songe
A mon bon père également.

JACKSON.

Son père !

JONATHAN.

Leur père !

JONATHAN, JACKSON.

Ah ! c'est bien touchant vraiment !

JONATHAN.

Sacrebleu ! le diable m'emporte,
Je me sens pincé malgré moi !

JACKSON.

L'aventure est un peu trop forte
Je me sens tout ému, ma foi !

JONATHAN, se mouchant.

Ça me picote !

JACKSON, se frottant les yeux.

Cela me pique !..

JONATHAN.

Emotion que rien n'explique !

ARABELLE, FLORENCE.

Pleurons !

JONATHAN.

C'est idiot, ma foi !

De pleurer !

ARABELLE, et FLORENCE.

Ah ! pleurez !

JACKSON et JONATHAN.

Sans savoir pourquoi !

ENSEMBLE.

Pleurons ! pleurons ! sans savoir pourquoi !
Pourquoi !

Tous les quatre se mouchent bruyamment.

JONATHAN, à Jackson, après le chant.

Elles sont très gentilles, ces jeunes filles !

JACKSON.

Mais un peu trop exubérantes ! Qu'est-ce qu'elles
nous veulent, en résumé ?

JONATHAN.

Si vous n'avez plus vos papas, vous devez avoir
de la famille ?

ARABELLE.

Nous les avons encore, nos papas...

FLORENCE.

Mais nous n'osons les revoir.

ARABELLE.

Parce que nous avons un amour au cœur.

FLORENCE.

Et qu'ils veulent nous marier à des hommes que nous n'aimons pas.

JONATHAN.

Je les approuve ! Les parents savent mieux ce qu'il faut à leurs enfants que les enfants eux-mêmes.

JACKSON.

Et, comme eux, si nous avions fait un choix, nous ne céderions jamais.

JONATHAN.

Jamais ! jamais ! jamais !

ARABELLE.

Excusez, messieurs, ce moment de sensibilité... et pardon de vous avoir retenus quelques instants.

ARABELLE, FLORENCE.

Au revoir, messieurs !

JACKSON et JONATHAN, s'éloignant.

Au revoir, mesdemoiselles !

ARABELLE et FLORENCE, leur envoyant des baisers dans le dos.

Au revoir !

JONATHAN, se détournant et éclatant de rire, à Jackson.

Ah ! bon ! celle-là est plus forte que tout ! Voilà qu'elles nous envoient des baisers à présent !

JACKSON.

Inouï! incommensurable !

Ils sortent par la gauche.

SCÈNE VII

ARABELLE, FLORENCE.

ARABELLE.

Ah! il en faut, du courage pour ne pas leur crier:
« C'est moi, ta fille, c'est Arabelle ! »

FLORENCE.

« C'est ta Florence ! »

ARABELLE.

La consigne de M. Frédéric est formelle! nous ne
devons pas l'enfreindre.

FLORENCE, regardant à gauche.

Oh ! M. Félicien ! le frère de Louise !

ARABELLE.

Celui que nous avons vu à la pension ?

FLORENCE.

Lui-même!

ARABELLE.

Sauvons-nous! qu'il ne nous reconnaisse pas !

FLORENCE.

Pas de danger... Nous le connaissons... mais lui,
il ne nous a seulement jamais remarquées, hélas !...

ARABELLE.

Hélas!... tu le regrettes ?

5

FLORENCE.

Dame ! un peu !... il est si gentil !

ARABELLE.

Tu n'en es pas amoureuse, j'espère ?

FLORENCE.

Tu es bien amoureuse de M. Frédéric, toi !

ARABELLE.

Enfin ! tu veux lui parler ?

FLORENCE.

Où est le mal... nous l'intriguerons... sans nous nommer... ce sera très amusant !

ARABELLE.

Surtout, ne nous trahissons pas !

FLORENCE.

Sois tranquille !

SCÈNE VIII

ARABELLE, FLORENCE, FÉLICIEN.

FÉLICIEN, entrant.

Tiens ! les jeunes passagères d'hier soir ! Enfin ! je les retrouve !

FLORENCE, laissant tomber exprès son mouchoir.

Oh ! mon mouchoir !

FÉLICIEN, se précipitant pour le ramasser.

Permettez-moi ?... Mademoiselle... ou madame ?...

FLORENCE, rectifiant.

Oh ! mademoiselle, monsieur !... monsieur Féli-
licien...

FÉLICIEN, stupéfait.

Mon prénom ! vous savez mon prénom, made-
-moiselle ?

ARABELLE.

Nous savons même votre nom, M. Destournelles.

FÉLICIEN, stupéfait.

Mon nom ! Ah ! mesdemoiselles ! comment peut-il
se faire ?

ARABELLE, malicieuse.

Ah ! voilà !

FLORENCE.

Nous savons qui vous êtes, mais vous, vous ne
saurez jamais qui nous sommes; c'est un mystère !

ARABELLE.

Pour le moment, du moins !

FÉLICIEN.

Où m'avez-vous vu, mesdemoieelles?

FLORENCE.

A la pension des Mésanges à Marseille, monsieur !

FÉLICIEN.

Des amies de ma sœur Louise, peut-être ?

FLORENCE.

Des amies intimes.

FÉLICIEN, s'emballant.

Il se pourrait ?... dites-moi au moins votre prénom, mesdemoiselles, cela me mettra peut être sur
la voie.

ARABELLE.

Notre prénom seulement ?

FLORENCE.

Ça n'est pas impossible !

ARABELLE.

Je me nomme Arabelle.

FÉLICIEN.

Oh! le joli nom!

FLORENCE.

Je m'appelle Florence!

FÉLICIEN.

Oh! Florence! c'est encore plus exquis! Mais votre nom de famille?

ARABELLE.

Non, non, nous avons déjà trop parlé. Excusez-nous de vous quitter, monsieur, nous devons nous apprêter pour le concert.

FLORENCE.

Où nous devons chanter, sous un faux nom, avec une de nos amies, mademoiselle Juliette.

FÉLICIEN.

Je vais me remémorer tous les noms cités par ma sœur devant moi... je finirai bien par trouver.

ARABELLE, riant.

Excellent exercice, monsieur!

FLORENCE.

Cherchez...

ARABELLE, riant.

Et... vous ne trouverez pas!

Elles descendent l'escalier de droite.

FÉLICIEN, les suivant.

Mesdemoiselles... Je vous en supplie? Elles sont charmantes, surtout mademoiselle Florence!...

Il disparaît à droite.

SCÈNE IX

LE CAPITAINE, entrant de gauche.

Ce qui m'arrive est inouï ! La fille de M. Jonathan, le notable commerçant de Saïgon me fait de
l'œil ! Plusieurs fois, déjà à table... j'avais cru sentir son petit pied frôler le mien... Tout à l'heure en
prenant le café, elle m'a mis un morceau de sucre
dans ma tasse et m'a dit : « Après vous le petit ca-
nard ! » Je me demande si je rêve ! Si j'ai tout mon
bon sens !... Elle !... je vais bien voir !...

SCÈNE X

LE CAPITAINE, ANGÈLE.

ANGÈLE, entrant.

Capitaine, je suis heureuse de vous trouver seul...
j'ai toujours eu un faible pour les gens de mer.

LE CAPITAINE, à part.

Je ne m'étais pas trompé ! (Haut.) Croyez, mademoiselle, que je suis touché. De mon côté, la beauté
a toujours eu sur moi un empire absolu... et si j'osais
dire toute ma pensée à une jeune fille de famille...

ANGÈLE, s'asseyant.

Dites-la, capitaine... puisque nous sommes seuls...

LE CAPITAINE, s'asseyant auprès d'elle.

Eh bien, je vous avais remarquée dès votre arrivée
sur le bateau.

ANGÈLE.

Vous êtes trop aimable. De mon côté, voulez-vous
que je vous parle franchement, capitaine ?

LE CAPITAINE.

Oui...

ANGÈLE.

Eh bien! cette perspective d'une traversée d'un
mois... ça me paraît un peu long... pour une femme...
qui n'a pas, dans les veines un sang de navet.

LE CAPITAINE.

Ah ! vous avez du sang... chaud.

ANGÈLE.

Bouillant, capitaine. Alors...

LE CAPITAINE.

Parlez, de grâce !

N° 5

Couplets d'Angèle

ANGÈLE.

I

Dans ce voyage de long cours,
Le temps pèse, il faut qu'on l'allège,
Je trouverai dans vos amours
Des douceurs et des privilèges ;
Pour l'argent, j'aurais hésité,
Par plaisir, je marche sans peine,
Et pour votre amabilité
Je vous ai choisi, capitaine !

II

En vain de regards langoureux
Les passagers et l'équipage,

Lorgnent mon minois gracieux,
L'attrait charmant de mon corsage.
Mais je crains leur frivolité,
Leur vigueur me semble incertaine;
J'aime votre solidité,
Je vous ai choisi, capitaine!

LE CAPITAINE.

Vous m'affolez, ma belle! Vous m'affolez et je vous adore!

Il l'embrasse.

ANGÈLE.

Mon petit capitaine!

Elle l'embrasse.

SCÈNE XI

LES MÊMES, MADAME LAMIRAL.

MADAME LAMIRAL.

Jour de Dieu! Que vois-je?

LE CAPITAINE.

La gouvernante! Je suis perdu!

MADAME LAMIRAL.

Vous n'avez pas honte de séduire une jeune fille de bonne famille, monsieur?

LE CAPITAINE.

N'allez pas croire, madame...

MADAME LAMIRAL, à Angèle.

Et toi, tu ne rougis pas, dans les circonstances actuelles, de t'adonner à tes béguins stupides?

LE CAPITAINE.

Je vous en prie, madame... Pas d'esclandre !..
pas de bruit ! C'est un petit malentendu... j'avais
demandé à mademoiselle Arabelle de chanter à notre concert, au bénéfice de l'équipage !

ANGÈLE.

J'avais accepté !... Alors pour me remercier, le
capitaine m'embrassait au nom de ses marins.

MADAME LAMIRAL.

Si c'était pour le concert ?... c'est autre chose !...
nous sommes sur le terrain de l'art... et là, vous me
rencontrerez toujours souriante et conciliante.

LE CAPITAINE.

Merci mille fois, merci encore, mesdames !

ANGÈLE.

Vous verrez si je suis chic en costume, capitaine !

Elle s'en va à droite en courant et en levant la jambe.

LE CAPITAINE.

Quelle désinvolture pour une jeune fille du monde !

MADAME LAMIRAL.

Au revoir, capitaine !

Le capitaine s'en va, à gauche.

SCÈNE XII

MADAME LAMIRAL, JONATHAN.

JONATHAN.

Pourquoi ma fille s'enfuit-elle à mon approche ?

MADAME LAMIRAL.

Elle va s'habiller pour le concert !... Vous verrez quel chic ! quel talent !

JONATHAN.

Elle m'a coûté assez cher, comme leçons de piano et de chant, depuis dix ans ! Mais son éducation laisse beaucoup à désirer...

MADAME LAMIRAL, vexée.

Je ne trouve pas, monsieur !

JONATHAN.

Je ne sais qui l'a élevée...

MADAME LAMIRAL, fièrement.

C'est moi, monsieur !

JONATHAN.

Eh bien ! Permettez-moi de vous le dire... c'est une éducation à refaire...

MADAME LAMIRAL.

Mais...

JONATHAN.

Je compte que vous m'y aiderez, madame Lamiral !

MADAME LAMIRAL.

Volontiers !

JONATHAN.

Il faudra du temps, hélas !

MADAME LAMIRAL, avec intention.

On y mettra le temps qu'il faudra. (A part.) C'est un truc pour me garder plus longtemps auprès de lui ! (Haut.) Je ferais, avec un égal plaisir, l'éducation de la fille et du père, M. Jonathan.

JONATHAN, à part.

Qu'est-ce qu'elle dit ?

5.

MADAME LAMIRAL, très tendre et mystérieuse.

Quand une femme est amoureuse... à mon âge... qu'est-ce qu'elle ignore.

JONATHAN, étonné.

Hein ?

MADAME LAMIRAL.

Madame Langoumois, qui s'y connaissait en femmes, me disait un jour : « Estelle, je m'appelais Estelle à Angoulême, il n'y a que toi dont je n'ai jamais reçu que des compliments, durant ma longue carrière ! »

JONATHAN.

Qu'est-ce que c'était que madame Langoumois ?

MADAME LAMIRAL.

La directrice d'un pensionnat renommé dont j'étais, à cette époque, la plus jolie pensionnaire, j'ose le dire...

JONATHAN, à part.

On dirait, ma parole, qu'elle me fait des avances.

SCÈNE XIII

Les Mêmes, JACKSON.

JACKSON, appelant madame Lamiral.

Madame Lamiral ? Et ma fille ? Comment va-t-elle ?...

MADAME LAMIRAL.

Beaucoup mieux ! je vous quitte, messieurs, je vais

aider l'artiste à s'habiller ! (Bas à Jonathan.) **Au revoir, coco !**

Elle sort à droite.

JONATHAN, à part.

Quelle singulière gouvernante !

SCÈNE XIV

JONATHAN, JACKSON.

JACKSON.

De quelle artiste parle-t-elle ? Je suis inquiet de
ne pas avoir vu Florence depuis notre embarquement
hier soir.

FÉLICIEN, entre de gauche, à part.

Elles se sont enfermées dans leur cabine... pas possible d'en obtenir un mot.

JONATHAN, à Jackson.

Que veux-tu ? malgré leurs imperfections, ce sont
toujours nos filles... ce sont toujours les petites Jackson.

FÉLICIEN, tout à coup.

Jackson ! ils ont dit Jackson ? (Se souvenant.) Je ne
me trompe pas ! Ce nom, je l'ai bien entendu dire
par ma sœur Louise... Florence Jackson ! c'est bien
cela ! (A Jackson.) Pardon, monsieur, vous n'auriez
pas une fille qui s'appelle Florence ?

JACKSON, étonné.

Si, monsieur... pourquoi cette question ? Vous la
connaissez ?

FÉLICIEN.

Si je la connais ?... Ah ! monsieur !... j'en suis fou. (Mettant ses gants blancs.) Et il m'est impossible de différer le moment de vous demander sa main.

JACKSON.

Ce n'est pas sérieux... elle aurait donc quitté l'infirmerie ?

FÉLICIEN.

L'infirmerie ?... elle n'avait pas l'air bien malade ! Elle était fraîche comme une rose !

JONATHAN, à Jackson.

Il n'est pas difficile !

JACKSON.

Mille regrets, monsieur, mais j'ai déjà choisi mon gendre... le prince Koko.

FÉLICIEN, avec dépit.

Elle refusera ce grotesque prétendant ! Je cours la prévenir de vos cruelles intentions.

Il sort par la droite, vivement.

SCÈNE XV

JONATHAN, JACKSON.

JONATHAN, étonné.

Il va la prévenir ? il entre donc à l'infirmerie et pas toi ?... tout cela est louche !

JACKSON.

Coûte que coûte, je veux voir, sur l'heure, ma fille Florence !

JONATHAN.

A la bonne heure !

SCÈNE XVI

LES MÊMES, FRÉDÉRIC, JANICOT.

FRÉDÉRIC.

Janicot, mon ami, tes cuivres de l'escalier ne re-
luisent plus !

JANICOT.

On va astiquer, mon lieutenant !

JACKSON.

Pardon, mon lieutenant, ce matin vous m'avez
dit que ma fille était à l'infirmerie ?

FRÉDÉRIC.

En effet, monsieur, ce roulis, ce tangage, l'ont
rendue affreusement malade.

JACKSON.

Ça m'est égal... je veux la voir.

FRÉDÉRIC.

Vous n'y pensez pas, monsieur ?

JANICOT.

Dans l'état où elle est, la pauvrette ! ce n'est pas
possible ! On ne peut seulement pas la bouger !...
sans ça... tout de suite... des malaises... oh ! la pauvre fille ! ce qu'elle doit souffrir !...

JACKSON.

Ça m'est égal ! je vous le répète, je veux la voir sur
l'heure !

JONATHAN.

Ou bien nous déposons une plainte en séquestration entre les mains du commissaire du bord.

JANICOT, bas à Frédéric.

Oh ! oh ! ça se gâte, mon lieutenant.

FRÉDÉRIC.

Ne vous fâchez pas, messieurs, il est avec le ciel des accommodements.. le médecin pourrait peut-être l'autoriser à faire une petite sortie sur le pont.

JANICOT, vivement.

Si le temps le permet !... mais il fait bien de la brise...

> Il fait tomber son béret, comme si le vent le lui avait enlevé.

JACKSON.

Dans cinq minutes... ma fille... ou une plainte au commissaire !

JONATHAN.

C'est clair !

FRÉDÉRIC.

C'est bien, messieurs... puisque mademoiselle votre fille va un peu mieux... on peut voir...

JANICOT.

Ce n'est pas mon avis.

FRÉDÉRIC, sèchement.

Possible !... mais mon avis est celui d'un lieutenant... et le tien, celui d'un matelot. C'est donc moi qui ai raison !

JANICOT.

Bien, mon lieutenant. (A part.) C'est encore moi que je vais être l'innocente victime !. .

FRÉDÉRIC.

Allons, Janicot, va prévenir mademoiselle Florence qu'on l'attend.

JANICOT.

Bien, mon lieutenant. (A Jackson.) Vous savez qu'elle ne pourra pas rester longtemps... à cause du service ?...

JACKSON.

On ne vous demande pas votre avis.

JONATHAN.

Dépêchez-vous !

JANICOT, à part.

Oh ! si c'était pas une crème, mon lieutenant !

FRÉDÉRIC.

Allons, Janicot, du courage !

JANICOT, avec résignation.

Oui, mon lieutenant.

Il descend dans le bateau.

SCÈNE XVII

Les Mêmes, moins JANICOT, puis LE CAPITAINE.

JACKSON.

Me voilà plus tranquille !

JONATHAN.

Ça lui fera du bien, à cette enfant, de prendre l'air sur le pont, plutôt que de rester à l'infirmerie.

JACKSON.

Certainement !... je la garderai auprès de moi durant le concert, ça la distraira !

FRÉDÉRIC.

Oh ! ne faites pas cela ! elle n'est pas encore assez bien pour rester aussi longtemps dehors !

LE CAPITAINE, venant de gauche.

Eh bien, messieurs, ça va toujours ?

FRÉDÉRIC, à part.

Le capitaine ! pourvu qu'il ne reconnaisse pas Janicot !

JACKSON.

Je suis fort heureux, capitaine. Je vais pouvoir vous présenter ma fille Florence...

FRÉDÉRIC, vivement.

Si elle va mieux... M. Jackson... parce que... si elle ne va pas mieux...

JONATHAN.

Ah ! ça, mon lieutenant, avez-vous juré de séquestrer mademoiselle Florence Jackson ?

FRÉDÉRIC.

Du tout... seulement...

LE CAPITAINE.

Faites monter immédiatement mademoiselle Florence, lieutenant...

FRÉDÉRIC.

Certainement, mon capitaine ! (Il va vers l'escalier et appelle.) Mademoiselle Florence !

VOIX DE JANICOT, en bas.

Voilà ! voilà ! voilà !

JONATHAN et JACKSON, ravis.

Enfin !

SCÈNE XVIII

LES MÊMES, JANICOT, en femme.

JANICOT, gaiement.

Voilà ! voilà ! voilà ! (Apercevant le capitaine.) Nom
de Dieu ! le capitaine !

LE CAPITAINE.

Il paraît que vous étiez souffrante, mademoiselle?

JANICOT, sans regarder, d'une voix faible.

Oui-z-et non, mon capitaine...

LE CAPITAINE, à part.

Elle a une sale voix ! (Haut.) Laissez-moi contem-
pler votre visage, mon enfant, afin de voir si vous
avez meilleure mine ?

Il prend Janicot par le bras et le fait se retourner.

JANICOT, à part.

Pourvu qu'il ne me reconnaisse pas !

FRÉDÉRIC, à part.

Bigre ! ça chauffe !

JANICOT, riant bêtement.

Eh bien ! ça va... capitaine !

Il lui donne la main.

LE CAPITAINE.

Très bien, je vous remercie. (A part.) Elle n'est pas
belle... mais où diable ai-je vu cette tête-là ?

JANICOT, au capitaine.

Bonsoir, capitaine, je m'en vais !

Jackson le retient par le bras au moment où il s'en va.

FRÉDÉRIC.

Une première sortie de convalescence, il ne faut pas que ce soit trop long.

LE CAPITAINE.

Encore une minute, ma belle enfant.

JACKSON.

On n'a pas eu seulement le temps de te voir.

LE CAPITAINE, à Frédéric.

A qui diable ressemble-t-elle donc ?

FRÉDÉRIC.

Mais je ne sais pas, capitaine !

LE CAPITAINE, bas à Frédéric.

Elle a un type qui me plaît... Occupez les gêneurs, cher ami, voulez-vous ?

FRÉDÉRIC.

Mais... capitaine...

LE CAPITAINE, à Jonathan et à Jackson.

Le lieutenant désire vous parler... Messieurs ?...

JACKSON et JONATHAN.

A nous ?

LE CAPITAINE, avec embarras.

C'est... à propos de la tombola.

Frédéric leur parle dans le fond.

LE CAPITAINE, bas à Janicot.

J'ai beaucoup séjourné en Turquie... j'aime les beautés opulentes, mademoiselle !...

JANICOT, à part avec effroi.

Est-ce qu'il va me dire des gaudrioles ?...

LE CAPITAINE.

Et si vous n'étiez pas plus bégueule que votre cousine Arabelle... on pourrait souper tous les trois... quand tout le monde dormirait... Nous mangerions des truffes sous la serviette ?

JANICOT, à part.

Qu'est-ce qu'il dit? Il veut chercher des truffes avec moi? En v'là, un cochon! (Haut.) Certainement, capitaine!

LE CAPITAINE, bas.

Merci!

JANICOT.

Compte là-dessus, vieux libidineux!

On entend la cloche.

LE CAPITAINE.

Voici l'heure de la séance musicale, messieurs.

JACKSON, à Janicot.

Tu resteras à côté de moi, durant le concert.

JANICOT.

Ah! non!

FRÉDÉRIC.

C'est impossible!

LE CAPITAINE, au lieutenant, sévère.

Pourquoi impossible... quand le père de mademoiselle le demande... l'exige..?

JANICOT, saluant militairement.

C'est bien, capitaine!

LE CAPITAINE, à part.

C'est bien fait pour moi, je n'avais qu'à me contenter de la charmante Arabelle.

JACKSON, tenant Janicot par le bras.

Je ne te lâche pas. Tu vas t'asseoir à côté de moi.

SCÈNE XIX

LES MÊMES, PASSAGERS et PASSAGÈRES, FÉ-
LICIEN, puis ARABELLE, FLORENCE,
JUSTINE.

PETIT CHŒUR DES PASSAGERS.

Pour le concert que l'on s'empresse,
N'arrivons pas les derniers,
Pour bien se placer à son aise,
Il faut arriver les premiers.

UN PETIT MOUSSE, annonçant.

Les sisters Bernard, chanson anglaise !

Arabelle, Florence et Justine en élégants costumes d'anglaises de Music-hall paraissent.

MADAME LAMIRAL, à part.

Mais elles ont emprunté les costumes d'Angèle !

ARABELLE, annonçant le morceau, avec un léger accent
anglais.

Les Trois modistes de Piccadilly !

N° 4

Chanson.

I

ARABELLE.

Mary, Dolly avec Polly
Se prom'naient à Piccadilly,

Quand un gentleman déjà vieux
Leur dit d'un air malicieux :
        Pstt, pstt !
J'ai beaucoup de livres sterling
I love you, my prety dearling
        Psst, psst !

Riant.

Soutiens-moi ! Hop là ! heup ! heup !
    Pick me up ! pick me up !

Prononcer pick miheup.

II

ARABELLE.

Devant cet assaut indécent,
Les p'tit's miss dir' en rougissant :
« Le cant anglais et la pioudeur
Toujours protèg'ront not' honneur !
        Kiss ! kiss !
Ne pouvant épouser les trois
Entre nous faut faire votre choix,
        Kiss ! kiss !
Choisissez ! Hop là ! heup ! heup !
    Pick me up ! pick me up !

III

ARABELLE.

L'gentleman dit sans hésiter
J'suis veuf et veux pas r'commencer,
Et, plein de flegme, il s'en alla,
Polly, Dolly, à huit jours d' là
        Quick ! quick !
Virent le vieux à Trafalgar
Prom'ner Mary dans son dog-car.
        Quick ! quick !

Oh ! l'amour ! Hop là ! heup ! heup !
Pick me up ! pick me up !

Refrain par les trois jeune filles.

TOUS, applaudissant.

Bravo ! bravo !

Les chanteuses saluent et se retirent. — Divertissement
anglais. Six danseuses dansent sur la reprise de la
chanson anglaise, puis se retirent après le divertissement.

LE PETIT MOUSSE, annonçant.

Mademoiselle Arabelle Jackson !

Angèle paraît en chanteuse gommeuse. Énorme chapeau
à plumes, etc. Elle a la démarche déhanchée. les poings
sur les hanches, donne de grands coups de reins. Annonçant sa chanson :

Le Géant des Folies-Bergère.

ANGÈLE.

I

Pour l'géant des Folies-Bergère
Estelle avait un fort béguin,
Ce grand homme lui dit : « Ma chère,
J'te promets mon cœur et ma main,
Mais comme il me faut en affaire
Une femme ayant de l'entregent,
Nous irons à M. le Maire
Demander son paraphe, quand
Tu feras sauter de ta fine
Bottine,
Mon bonnet d'astrakan

Can, can,
    Vive le cancan !

Après le couplet elle danse d'une façon excentrique en
levant la jambe.

TOUS.

Bravo ! bravo !

LE CAPITAINE, emballé.

Bravissimo !

ANGÈLE.

II

Estelle se mit à l'étude,
Prit des professeurs chaque jour,
Et s'exerça sans lassitude
A lever le pied par amour.
Enfin, d'une allure plus fière,
Au nez ahuri du géant,
Levant une jambe légère !
D'un entrechat très provocant
Elle fit sauter de sa fine
        Bottine,
    Son bonnet d'astrakan
        Can, can,
    Vive le cancan !

Elle danse comme au premier couplet.

III

L'géant, d'un air plein d'allégresse
A genoux, tomba plein d'ardeur,
En s'écriant : Sois ma maîtresse !
Voici ma main, voici mon cœur !
Comme il était à quatre pattes

Estelle, d'un élan fringant.
Lui sauta sur les omoplates
Tenant aplati l'pauvre géant,
Elle coiffa sa tête fine
Mutine
Du bonnet d'astrakan
Can! can !
Vive le cancan !

Après le troisième couplet, elle danse de plus en plus belle, elle lève la jambe et se retire en courant comme une petite folle.

TOUS, applaudissant.

Bravo! Bravo !

Reprise du chœur pour la sortie générale.

Elle coiffa sa tête fine
Mutine
Du bonnet d'astrakan
Can ! can !
Vive le cancan !

JONATHAN, radieux à Jackson.

Quel succès, hein? c'est pas ta fille qui en ferait autant?

JACKSON.

Pourquoi donc pas? elle m'a coûté aussi cher que la tienne à faire éduquer. (A Janicot.) Florence, mon enfant, prouve-lui que tu es aussi forte que sa fille, chante quelque chose.

JANICOT, protestant.

Ah! non !...

TOUS.

Si ! si ! qu'elle chante !

LE CAPITAINE.

Mademoiselle Jackson nous donnera une preuve
de sa bonne volonté !... Elle va chanter !...

JANICOT, à part.

Avec les supérieurs, faut jamais faire de rouspé-
tance. (Haut.) Allons-y !

Il prend un air inspiré, puis chante en voix de fausset, une
romance stupide de sentimentalité ; annonçant :

La bergerette et le petit oiseau.

Petit oiseau, par ton ramage,
Tu charmes la bergerette,
Elle en oublie dans le bocage
Et ses moutons et sa houlette.
Ah ! ah ! oh !
Chante, rossignolet.

Tout le monde applaudit. On entend la sirène du bateau
ou la cloche.

LE CAPITAINE, se précipitant.

Le signal d'alarme !

Le petit mousse vient parler bas à Frédéric.

FRÉDÉRIC, courant au gouvernail.

Le navire va toucher un rocher !

JANICOT, courant aux cordages qui sont sur le pont et les
déroulant.

Bougre ! faut se grouiller !

SCÈNE XX

LES MÊMES, puis ANGÈLE, ARABELLE, FLO-
RENCE, JUSTINE, LES DANSEUSES, qui revien-
nent dans leurs costumes de chanteuses.

N° 7

Finale.

TOUS LES PASSAGERS.

Le navire va toucher un rocher ?
Courons-nous un réel danger ?
Pourrait-on s'en tirer, sans peine,
Avec l'aide du capitaine ?

JANICOT, montant aux cordages, malgré son accoutrement
féminin, ainsi que quelques matelots.

Aux cordages, vite grimpons !
Carguons les voiles, dépêchons !

LES PASSAGERS, en admirant.

Une héroïne se révèle !

JACKSON, en admiration, ému.

Ma fille est laid' mais nom de nom !
Quelle solide éducation.

TOUS, entre eux.

Sa fille est laid' mais nom de nom !
Quelle solide éducation.

Grand bruit.

FRÉDÉRIC, au gouvernail.

Ne craignez rien ! C'est un rocher
Que l'on vient d'effleurer.

TOUS.

Quel tintamarre !

FRÉDÉRIC.

Ce n'est plus rien, car on démarre !
Ce n'était rien, en vérité,
Car tout danger est écarté !

Il descend du gouvernail où il est remplacé par Janicot.
Il va auprès d'Arabelle. Le capitaine cause à Angèle,
Jonathan à madame Lamiral, Félicien à Florence.

FÉLICIEN, FRÉDÉRIC, ARABELLE, FLORENCE,
entre eux JUSTINE.

Poursuivons la conquête
De nos papas !
Que rien ne nous arrête
Jusque là-bas !

Ils se serrent la main.

ANGÈLE.

Pour oublier le danger
Je propose de chanter
Avec ces demoiselles
Nos joyeuses ritournelles
Can ! can !
Vive le cancan !

ARABELLE, FLORENCE et JUSTINE.

Hop ! hop ! heup ! heup !
Pick mo up ! pick me up !

ENSEMBLE.

Can ! Can !		Up ! up !
Vive le cancan !		Pick me up ! up ! up !

Angèle danse le cancan. Les trois autres jeunes filles
dansent avec plus de décence un pas anglais. Tous reprennent les deux refrains à la fois.

Rideau.

ACTE TROISIÈME

A Saïgon.

Un grand hall, orné de tentures de soie. De chaque côté,
de longs comptoirs sur lesquels sont étendues de riches soieries.
La baie du fond doit pouvoir se fermer par moments par
un grand rideau.

SCÈNE PREMIÈRE

JONATHAN, JACKSON, ARABELLE, FLORENCE
Acheteuses Chinoises, Japonaises, Indien-
nes. — Quelques femmes en costume colonial de Saïgon.
Parmi les acheteuses, La Princesse PAMINA, (In-
dienne) et La Princésse MAVALANO (Siamoise ou
Japonaise). Au lever du rideau, Jonathan et Jackson, ainsi
que Arabelle et Florence, qui sont demoiselles de magasin,
offrent des étoffes à la clientèle. Dans un coin, à droite,
au premier plan, est assis JANICOT, en femme, faisant
de la tapisserie, sans mot dire, et complètement muet devant toute cette scène, très absorbé dans son travail.

Chœur des Acheteuses.

A Saïgon, ville cosmopolite,
Pour l'étranger, la première maison

Est celle-ci qui, de nous, sollicite
De vendre à tous et du riche et du bon.
   Les princesses, les bourgeoises,
     Japonaises et chinoises,
     Et les Françaises aussi
     Viennent se fournir ici.

JONATHAN et JACKSON, montrant des étoffes, avec em-
pressement, à la princesse Pamina.

   Admirez, ô noble princesse,
    Ces étoffes du Japon !

JONATHAN, à Mavalano.

   O princesse, avec largesse,
    Achetez à la maison !

PAMINA et MALAVANO, ensemble avec hauteur.

    C'est bon ! C'est bon !
       Elles vont regarder ailleurs.

REPRISE DU CHŒUR GÉNÉRAL.

A Saïgon, ville cosmopolite,
    Etc...

Tout le monde sort, sauf Jackson, Jonathan et les demoiselles de magasin. A la fin du chœur, Janicot s'est
levé et est rentré à droite, sans dire un mot, en re-
pliant sa tapisserie.

SCÈNE II

JONATHAN, JACKSON, ARABELLE,
FLORENCE.

JONATHAN.

Mesdemoiselles, en l'honneur de l'arrivée de nos

          6.

filles, nos magasins resteront fermés cet après-midi et ne seront rouverts que pour la présentation d'Arabelle et de Florence à nos amis et à notre clientèle. Pour l'instant, veuillez nous servir le thé.

Elles ferment les rideaux qui séparent le magasin de ses dépendances.

ARABELLE, après avoir tiré les rideaux.

Eh bien, messieurs, regrettez-vous de nous avoir prises comme demoiselles de magasin, depuis hier soir?

FLORENCE.

Nous avons fait déjà de nombreuses ventes...

JONATHAN.

Vous êtes de charmantes jeunes filles...

JACKSON.

Vous vous ferez une bonne situation chez nous, j'en suis sûr.

FLORENCE.

Dieu vous entende, monsieur.

ARABELLE, à Jonathan qui est assis.

Voulez-vous, monsieur, un petit coussin sous les pieds?...

Elle va en prendre un.

FLORENCE, à Jackson.

Et un autre sous la tête, monsieur?...

Elle en place un derrière la tête.

ARABELLE, mettant un coussin sous les pieds de Jonathan.

Vous serez cent fois mieux ainsi...

JONATHAN, ravi.

Sont-elles prévenantes !

ARABELLE.

Nous allons chercher les petits gâteaux que nous
avons fabriqués à votre intention...

FLORENCE.

C'était notre spécialité, à la pension !

JONATHAN.

Vous avez pensé à cela, mes chères petites demoiselles ?...

JACKSON.

Nous acceptons !...

ARABELLE.

Oh ! Puissiez-vous aimer notre pâtisserie !

Elle sort.

FLORENCE.

Et notre thé !

Elle sort joyeusement.

JONATHAN.

Eh bien, Jackson ? Crois-tu qu'elles sont gentilles !

JACKSON.

Nous les augmenterons, Jonathan. Portons tout
de suite leurs appointements à cent francs par mois...
chacune...

JONATHAN.

C'est cela... à cent cinquante !...

ARABELLE, entrant, portant un plateau avec la théière.

Voici le thé !

FLORENCE, portant une assiette de petites galettes,
gaîment.

Et les galettes, brevetées S. G. D. G.

Elle pose l'assiette et place une petite table au milieu de
la scène.

ARABELLE, *pose son plateau.*

Voilà !

Elle sert le thé.

JONATHAN.

Nous avons une bonne nouvelle à vous annoncer,
mesdemoiselles ?

JACKSON.

Nous augmentons vos appointements...

ARABELLE et FLORENCE, *joyeuses.*

Oh ! quel bonheur !

JONATHAN.

Nous les portons de cent cinquante à deux cents
francs par mois...

ARABELLE.

Nous n'avions que cent francs, messieurs...

JACKSON.

Ça ne fait rien ! Nous aimons à récompenser nos
anciens serviteurs...

FLORENCE, *souriant.*

Nous ne sommes chez vous que depuis hier !...

JONATHAN, *se fâchant.*

Il suffit ! nous n'aimons pas qu'on nous réponde !...

JACKSON, *sévèrement.*

Ni que l'on critique notre administration.

Il boit son thé.

ARABELLE et FLORENCE.

Bien, messieurs...

JACKSON.

Oh ! oh ! Je n'ai jamais bu de meilleur thé !

JONATHAN, qui a pris une galette et la mange, la bouche
encore pleine.

Jackson, goûte à ces galettes, mon ami...

JACKSON, y goûtant, radieux.

Exquis!.. Ah! ça, vous êtes donc des petites fées?..

ARABELLE.

Oh ! loin de là, monsieur Jackson, nous cherchons
à plaire à nos patrons, voilà tout...

FLORENCE.

Afin qu'ils nous gardent auprès d'eux...

ARABELLE.

Et ne nous renvoient jamais... si c'est possible !

JACKSON, s'exclamant.

Vous renvoyer ?

JONATHAN.

Nous n'y pensons guère !

Duetto.

ARABELLE et FLORENCE.

Comment pourrons-nous arriver,
Messieurs, envers vous, à nous acquitter?
De votre bonté, si constante,
Le doux souvenir nous enchante.
Nous travaillerons, vous serez,
De nous deux des plus satisfaits.

ARABELLE, à Jonathan.

Je ferai la cuisine.
Parfois, en cordon bleu,
Une cuisine fine.
Gardez-moi donc, monsieur.

FLORENCE, à Jackson.

Je tiendrai votre caisse
Et sans un sou d'erreur!
Vous vous direz sans cesse
Que je vous fais honneur !

ENSEMBLE.

Comment pourrons-nous arriver,
Etc...

JONATHAN.

Continuez à être gentilles comme vous l'êtes.

JACKSON.

Et personne ne songera à vous congédier...

ARABELLE et FLORENCE, faisant un gentil salut.

Merci, messieurs...

JONATHAN, bas.

Dis donc, Jackson?... Si ces demoiselles s'occupent
en plus de la maison... et de la cuisine... il me semble que deux cents francs... c'est un peu maigre...

ARABELLE, souriant.

Vous aviez dit deux cents, monsieur ?

JACKSON, à Jonathan.

Tu as raison, Jonathan. Nous n'avons jamais été
pingres!.. Nous n'allons pas commencer aujourd'hui..
Vous aurez vos trois cents francs... mesdemoiselles.

ARABELLE et FLORENCE.

Que vous êtes bons, messieurs !

Elles s'éloignent.

JONATHAN, leur criant de loin.

Allez, c'est entendu à trois cent cinquante, chacune.

Elles s'éloignent.

JACKSON, leur criant à la cantonade.

C'est-à-dire, huit cents francs, pour vous deux !

SCÈNE III

JONATHAN, JACKSON.

JONATHAN.

Voilà, je crois, une bonne action qui va finir par une excellente affaire !... Nous ne trouverons jamais d'employées plus dévouées !...

JACKSON.

Tout à l'heure, j'avais envie de leur dire de prendre le thé avec nous.. au lieu de nous le servir ?...

JONATHAN.

Moi aussi !... Mais nous nous serions fait blaguer !

SCÈNE IV

LES MÊMES, JUSTINE.

JUSTINE.

Messieurs, voici madame Lamiral et vos filles.

JONATHAN.

Parfait ! qu'elles entrent !

JACKSON.

Quel est votre nom, mon enfant ?

JUSTINE.

Je suis Justine, monsieur, la petite bonne qui a ac-

compagné vos deux nouvelles demoiselles de magasin, durant leur voyage. Vous avez bien voulu,
hier soir, me recevoir avec elles... Puis-je espérer
que vous me garderez ici jusqu'à la fin des vacances...
un mois à peine ?...

JACKSON.

Si cela plaît à tes jeunes maîtresses.

JONATHAN.

Nous ne voulons rien leur refuser ?...

JACKSON.

Combien gagniez-vous en France ?

JUSTINE.

A Marseille, j'avais soixante francs.

JACKSON.

Le Midi exagère, nous sommes aux colonies, vous
en aurez quarante.

JUSTINE.

Merci bien, messieurs.

Elle introduit madame Lamiral.

SCÈNE V

LES MÊMES, JANICOT, ANGÈLE, MADAME
LAMIRAL.

MADAME LAMIRAL, entrant la première.

Tiens! Tiens ! Vous êtes en train de vous sustenter ?

ANGÈLE.

Et vous n'en dites rien à personne... C'est pas gentil !...

Elle s'assied.

JANICOT.

Je demande à me ravitailler aussi, moi.

Il s'assied auprès d'eux.

MADAME LAMIRAL, s'asseyant.

Jeune camériste, allez chercher des tasses pour la société.

JUSTINE.

Bien, madame...

JANICOT, la rappelant.

Tu apporteras, en même temps, un petit flacon d'eau-de-vie...

MADAME LAMIRAL.

Et un de rhum !

Justine sort.

ANGÈLE.

Sans ces ingrédients, c'est un peu fadasse, votre eau chaude !

Elle allume une cigarette.

JONATHAN.

Tu vas fumer... encore ?

JACKSON.

C'est du plus mauvais ton pour une jeune fille !...

ANGÈLE, lui lançant une bouffée de tabac dans le nez.

Pauvre chéri !

JACKSON, toussant.

Jonathan... surveille ta fille, à la fin.

JONATHAN.

Madame Lamiral, ceci rentre dans vos attributions !

MADAME LAMIRAL, allumant une cigarette.

M. Jonathan a raison, mon enfant. Rien de plus

7

affreux que de fumer, pour une femme... au-dessous
de cinquante ans !

ANGÈLE, fumant de plus belle.

Bien, madame Lamiral.

MADAME LAMIRAL, satisfaite.

A la bonne heure !... L'incident est clos !

JONATHAN.

Maintenant, mesdemoiselles, j'ai une observation
grave à vous faire...

MADAME LAMIRAL, ANGÈLE, JANICOT.

A nous ?

JACKSON.

Oui.

JONATHAN.

L'une de vous a découché, cette nuit !... Le concierge n'a pu préciser laquelle...?

JANICOT.

C'est moi, p'pa... Le lieutenant avait absolument
besoin de moi.

JONATHAN.

Tu ferais bien... Jackson... à ton tour, de surveiller les expressions et la conduite de ta fille !...

JACKSON, à Janicot.

J'espère, mademoiselle, que vous ignorez la por-
tée et la trivialité de vos paroles ?

MADAME LAMIRAL.

Certainement... (A Jackson.) Votre fille est rentrée
de très bonne heure... A sept heures, elle était dans
sa chambre...

JACSKSON.

Vous appelez ça : de bonne heure ?

MADAME LAMIRAL.

En tout cas, je réponds de sa vertu !

JONATHAN.

C'est l'essentiel... mais n'insistons pas devant les domestiques !

Justine apporte un plateau avec trois tasses et deux carafons. — Elle le pose sur un guéridon.

JANICOT.

Merci, petite !

Il la pince.

JUSTINE, criant.

Aïe !

JONATHAN et JACKSON.

Qu'y a-t-il?

JUSTINE, avec embarras.

Rien !... C'est quelqu'un qui m'a pincée !

JANICOT, riant.

C'est encore moi !... Mais c'est un prêté pour un rendu !... Elle a l'habitude... .

MADAME LAMIRAL, versant le thé.

Hum !... (Elle pousse Janicot du coude. — Haut.) Ça n'a pas d'importance !... (A Janicot.) Buvez pendant qu'il est chaud !

JANICOT.

Vous avez raison !

Il prend le carafon d'eau-de-vie et le verse entièrement dans sa tasse.

JONATHAN, étonné.

Vous allez boire tout ça ?

JANICOT.

Pourquoi donc pas ? Ça vous fera pas mal à l'estomac ?

Il boit.

MADAME LAMIRAL, versant la moitié de l'autre carafon
dans sa tasse. — A Janicot.

Le rhum, ce serait moins mauvais pour vous,
vous savez ?...

JONATHAN, à Jackson.

Elles sont effrayantes ! Ta fille surtout...

JACKSON.

Ce n'est pas tout. Vous avez mis à la porte, ce
matin, un de nos plus dévoués serviteurs... sans même
nous prévenir...

JONATHAN.

Et l'une de vous s'est permis, paraît-il, en le congédiant de lui donner un coup de pied... dans le bas
des reins !

MADAME LAMIRAL.

Ce n'est pas moi, monsieur Jonathan...

ANGÈLE.

Ni moi.

Elle allume une cigarette.

JACKSON, à Janicot.

Alors, c'est vous, encore, petite malheureuse !...

JANICOT.

Il se payait ma tête !... J'aime pas ça ! Alors...
v'lan ! dans le...

MADAME LAMIRAL, l'arrêtant.

Il suffit !... Nous avons compris !...

JACKSON.

Nous vous serons obligés, à l'avenir, d'avoir plus de circonspection.

JANICOT, ne comprenant pas.

Plus de quoi ?

MADAME LAMIRAL.

Elle ne cromprend pas, mais elle en aura tout de même, messieurs... j'en réponds...

JONATHAN.

Tout à l'heure, deux prétendants à votre main doivent vous être présentés...

ANGÈLE.

Ça, nous le savons ; nous ne sommes ici que pour ça !

JANICOT, buvant.

Oui... oui, et pour les recevoir... à la fraîche !...

JACKSON.

Pouvons-nous espérer que vous aurez à cette réunion, une tenue convenable ?

ANGÈLE.

Nous ne pouvons pas nous engager à cela.

JANICOT.

Absolument pas.

Il prend un cigare et fume.

JONATHAN.

Vous allez fumer, à présent ?

JANICOT.

Vous ne voudriez pourtant pas que je chiquasse dans le monde ?

JONATHAN.

Jackson! Tu l'entends?

JACKSON.

J'aime mieux m'éloigner... il y a des moments
où j'ai envie de l'assassiner.

Janicot crache par terre.

JONATHAN, se fâchant.

Ah! non! dites donc! Vous n'allez pas cracher par
terre, maintenant?

JANICOT.

Excusez-moi!... Ça m'a-t-échappé!

JACKSON, se lamentant, à part.

Mon Dieu! mon Dieu! Quelle vulgarité!

MADAME LAMIRAL.

Ces enfants n'osent pas vous avouer la vérité,
messieurs... Leur cœur n'est pas libre.

JANICOT.

Voilà!... J'aime Justine!... (se reprenant.) Je veux
dire, j'aime un petit lieutenant de terre, dont je ne
sais pas le nom...

MADAME LAMIRAL.

M. Félicien.

JANICOT.

Ce n'est pas un marin, mais il n'est pas trop
homme de terre...

ANGÈLE, à Jonathan.

Et moi, p'pa, je suis toquée de M. Frédéric!

JACKSON, à Janicot.

Vous n'êtes pas jolie, jolie, mais vous serez mil-
lionnaire un jour!...

JANICOT.

Ah! puissiez-vous dire vrai!

JONATHAN, à Angèle.

Tu auras plus tard cinquante mille francs de rente.

ANGÈLE.

Oh! là là! Ça vaudrait mieux que de chanter dans les beuglants!

JACKSON, à Janicot.

Dans cette situation, on n'épouse pas un petit officier sans le sou!

ANGÈLE.

Jamais, nous n'épouserons vos prétendants...

JONATHAN.

Si, vous les épouserez.

ANGÈLE et JANICOT.

Non, nous ne les épouserons pas!

JACKSON.

Rentrez dans vos chambres, nous verrons bien qui cédera le premier.

ANGÈLE.

Ce ne sera pas moi.

JANICOT.

Ni moi.

MADAME LAMIRAL.

Je vais les raisonner. (Prenant le carafon à moitié vide.) Venez, mesdemoiselles, nous allons faire un pocker.

ANGÈLE et JANICOT, prenant les carafons.

Ça va! On peut disposer?

JANICOT.

Au moins, entre nous, on pourra fumer une bonne pipe!

SCÈNE VI

JONATHAN, JACKSON.

JACKSON, furieux.

Elle va fumer la pipe, à présent ?

JONATHAN.

C'est inouï ! Quelles filles !

JACKSON.

Ah ! que ne les avons-nous laissées dix ans de plus
dans leur pensionnat ! Ah ! il y a des parents qui
n'ont vraiment pas de chance !

Il sort.

JONATHAN.

Certes, ma fille n'est pas un ange... mais à côté
de la sienne !... Je vais surveiller le buffet pour notre réception.

Il entre à gauche.

SCÈNE VII

ARABELLE, puis FRÉDÉRIC.

ARABELLE, du fond, avec mystère.

Venez, monsieur Frédéric. (Frédéric entre.) Encore
quelques heures de patience !

FRÉDÉRIC.

Et nous pourrons avouer la vérité à vos pères... et
vous choisirez les maris que vous aimez et qui vous
aiment !

ARABELLE.

Mais que d'aventures, hélas !

Duo.

FRÉDÉRIC.

L'amour de son aile, ô tendre mignonne,
A touché nos cœurs !
Ne craignons donc rien, ne craignons personne,
Nous serons vainqueurs.

ARABELLE.

Et plus tard, songeant à ces jours moroses,
Comme on en rira !
Nous serons heureux, les plus tristes choses,
On les oubliera !

FRÉDÉRIC.

Même votre père aujourd'hui sévère,
Alors indulgent, changeant sa manière,
Dira franchement :
Mon gendre est charmant !

ARABELLE.

Hélas ! ce moment, que n'est-il plus proche ?
Qu'il est donc lointain !

FRÉDÉRIC.

Le bonheur souvent de nous se rapproche,
On le croit lointain !

Reprise ensemble.

L'amour de son aile, ô tendre mignonne,
A touché nos cœurs !
Etc.

SCÈNE VIII

LES MÊMES, FLORENCE, puis FÉLICIEN.

FLORENCE, entrant en riant.

Ah! Ah! Je vous y prends, les amoureux! Et j'en suis bien aise!... Cela va me permettre de laisser entrer M. Félicien, qui erre, depuis ce matin, autour de la maison...

FRÉDÉRIC.

Surtout, ne le mettez toujours pas dans notre confidence... il est bavard... il gâterait tout... alors que nous n'avons que quelques heures à attendre pour toucher au but!

FLORENCE.

Le pauvre garçon! Il ne doit rien comprendre à tout ce qu'il voit?...

ARABELLE.

Il comprend l'essentiel... c'est que tu l'aimes... et qu'il t'aime!

FLORENCE.

Vous avez raison... Je vais me montrer... Il va accourir! (Elle va vers le fond.) Oh!... il n'a pas attendu mon signal, l'imprudent... Voilà qu'il a escaladé la grille... qu'il court dans les jardins... il est entré dans les magasins... Le voici!

FÉLICIEN, entrant, essoufflé.

Excusez mon audace, mademoiselle... depuis l'aube, j'attendais, devant la maison, l'occasion de vous apercevoir... ne vous voyant pas, j'ai perdu patience... et je suis venu vers vous... Vais-je enfin, pouvoir cette fois, demander sérieusement votre main à votre père?

FLORENCE.

Encore un peu de patience. Il faut ne rien dire avant que votre nouvel ami, M. Frédéric ne vous ait autorisé à agir...

FÉLICIEN, avec effort.

C'est bien! On se taira encore!

ARABELLE et FLORENCE, en même temps.

Oh! papa!   Oh! Monsieur Jonathan!

Elles se sauvent par le fond, à gauche, mais elles sont
vues, s'enfuyant, par Jonathan, qui entre de droite.

SCÈNE IX

FRÉDÉRIC, FÉLICIEN, JONATHAN.

JONATHAN.

Ne vous gênez pas, messieurs.

FRÉDÉRIC.

N'allez pas croire, monsieur.

FÉLICIEN.

Nos intentions sont des plus pures...

JONATHAN.

Comment, messieurs, vous prétendez aimer nos filles... et vous faites la cour à ces demoiselles!...

FÉLICIEN, bas, à Frédéric.

Qu'est-ce qu'il dit?

FRÉDÉRIC, bas, à Félicien.

Je vous expliquerai cela plus tard! (Haut.) Monsieur, quand vous saurez ..

JONATHAN.

Ne vous en défendez pas! Vous étiez attirés par la grosse dot de nos filles...

FÉLICIEN, protestant.

Oh! monsieur...

JONATHAN.

Mais vous avez rencontré ces demoiselles... et vous n'avez pu résister à leur charme réel... je ne vous en veux pas... au contraire ..

FÉLICIEN.

Pourquoi : au contraire?

JONATHAN.

Parce que vous m'ouvrez un horizon énorme... Parce que vous me faites concevoir un plan gigantesque et libérateur! (A part.) Une fois qu'ils aimeront les demoiselles de magasin, ils laisseront nos filles tranquilles, et de dépit, elles renonceront à eux !

FRÉDÉRIC.

Monsieur, nous vous demandons la permission de nous retirer...

JONATHAN.

Vous en aller! Vous n'y pensez pas ! Non, seulement, mon associé et moi ne contrarierons pas vos amours... mais nous les protègerons...

FÉLICIEN, bas à Frédéric.

Il va un peu loin pour un père.

FRÉDÉRIC.

Croyez bien que nous sommes incapables d'abuser de leur confiance en nous...

JONATHAN.

Tenez!... je suis pratique... Ces demoiselles voudraient vous épouser que je suis tout prêt à leur constituer une petite dot. .

FÉLICIEN, à part.

Naturellement !

JONATHAN.

Une fois que vous serez mariés, nos filles vous oublieront vite...

FÉLICIEN, étonné.

Hein ?

FRÉDÉRIC, bas.

Il ne sait ce qu'il dit...

JONATHAN.

Et elles finiront, j'espère, par écouter les propositions amoureuses des deux négociants que nous avions rêvés pour elles !

FÉLICIEN, se fâchant.

Qu'est-ce qu'il dit ?

FRÉDÉRIC, bas.

Après le déjeuner, il n'a pas les idées nettes !

JONATHAN.

Allez donc, sous les allées ombreuses de nos jardins, flirter avec vos petites amies.

FÉLICIEN.

Il me dégoûte !

FRÉDÉRIC, à Félicien.

Monsieur Jonathan a raison : cela n'aura rien que de très agréable...

FÉLICIEN.

Je voudrais pourtant comprendre ?...

FRÉDÉRIC.

On nous offre le bonheur !... Prenons-le, mon cher...
et ne cherchons pas à le comprendre.

JONATHAN.

Voilà qui est bien parlé !

FÉLICIEN.

Vous avez peut-être raison !

> Frédéric lui prend le bras et l'emmène. Ils s'éloignent
> par le fond.

SCÈNE X

JONATHAN, JUSTINE.

JONATHAN.

Ils ne sont pas assez riches pour les filles Jackson,
mais c'est un fort joli parti pour des demoiselles de
magasin.

JUSTINE.

Voici les invités, monsieur.

JONATHAN.

Allez vite prévenir Jackson et nos filles !

> Il salue les invités. Justine entre à droite.

SCÈNE XI

JONATHAN, JACKSON, Invités, Invitées et
Clientes.

Petit chœur.

I

LES INVITÉS.

Pour la présentation,
Nous arrivons en hâte,
Déjà d'admiration,
Si rien ne la gâte,
Nous sommes saisis,
Décidés à admirer,
A célébrer à tout prix
Celles que l'on va nous montrer !

JACKSON, entrant.

Impossible de retrouver nos filles.

JONATHAN.

Où diable sont-elles passées ? (Haut.) Mes chers invités, nos filles ne vont pas tarder d'arriver...

JACKSON, aux invités.

Elles achèvent leur toilette ! Mais voici leurs prétendants.

SCÈNE XII

Les Mêmes, JUSTINE, puis, JANICOT, en Chinois,
MADAME LAMIRAL, également en Chinois.

JUSTINE, annonçant.

Le seigneur Kaolin.

Entrée de madame Lamiral en Chinois.

MADAME LAMIRAL, bas à Justine.

C'est moi, madame Lamiral, bécasse !

JUSTINE, à part.

Oh ! (Annonçant.) Le seigneur Koko, mandarin à
deux boutons !

JANICOT, entrant, en mandarin.

Trois boutons, mon enfant !

Il la pince.

JUSTINE, criant.

Aïe ! Janicot !

Elle sort.

JONATHAN, à Jackson.

Ils sont moins bien que sur leurs photographies.

Duetto des Chinois.

JANICOT.

Nous arrivons de Pékin
La ville enchanteresse !

MADAME LAMIRAL.

D'vant Koko et Kaolin, Kaolin,
La foule s'empresse !

JANICOT.

C'est moi Koko, l'mandarin,
Qu'on célèbre à la ronde !

MADAME LAMIRAL.

J'suis Kaolin, un chinois très bon teint,
Que cit' tout le monde !

JANICOT.

Vive Koko ! Quel est l'plus beau ?

CHŒUR.

Certes, c'est Koko !

JANICOT.

Et l'plus rupin ?

CHŒUR.

C'est bien Kaolin !
Vive Koko et vive Kaolin !

ENSEMBLE.

Aussi, c'est une riche affaire,
Un'riche affaire pour un père
D'avoir su pas nous déplaire,
Et d'caser une fill'chère,
Aux époux qui sauront faire
Un ménage heureux, prospère !
De Koko et de Kaolin,
On dira : quel chopin !

Reprise en chœur.

II

JANICOT.

Je suis du dernier gratin,
Une fleur d'élégance.

MADAME LAMIRAL.

Pour vol'fill', heureux destin,
Je s'rai plein d'constance.

JANICOT.

Mais si vos fill's, aux mandarins,
Faisaient des mistoufles !

MADAME LAMIRAL.

Ils les lâch'raient, le fait est bien certain ;
Somm's pas des maroufles !

JANICOT.

Vive Koko ! quel est l'plus beau, etc.

JONATHAN [1].

Nous allons vous montrer, mes chers invités, les échantillons de nos soieries nouvelles, portées par les plus gracieuses de nos demoiselles de magasin.

Divertissement.

Après le divertissement les danseurs se retirent en saluant.

MADAME LAMIRAL.

Quel est mon futur beau-père ?

JANICOT.

Et le mien ?

JONATHAN, à madame Lamiral.

C'est moi, seigneur Kaolin...

---

1. *Nota.* Dans le cas où l'on ne danserait pas le divertissement, on enchaînera après le duo, à la réplique de madame Lamiral : quel est mon futur beau-père !

JACKSON, à Janicot.

C'est moi, seigneur Koko !

MADAME LAMIRAL.

Nous avons à vous dire des choses confidentielles.
Pouvons-nous rester seuls?

JONATHAN.

Comment donc, mon cher mandarin? (Aux invités.)
Mes chers amis, veuillez-vous retirer dans la salle
du banquet, nous vous rejoignons.

REPRISE DU CHŒUR.

Les invités entrent à droite, accompagnés par Jonathan
et Jackson.

SCÈNE XIII

JONATHAN, JACKSON, JANICOT, MADAME
LAMIRAL.

MADAME LAMIRAL, bas à Janicot.

Pourvu que les vrais Chinois ne viennent pas
éventer la mèche !

JANICOT, bas à Angèle et à madame Lamiral.

Pas de danger ! Après les avoir grisés, et leur
avoir pris leurs vêtements, je les ai enfermés dans
l'écurie !

MADAME LAMIRAL.

Nus comme des petits Bouddhas ! Ce qu'ils étaient
laids, dans ce costume ! (A part.) Mais comment prévenir Angèle de notre déguisement et de notre petit
truc ?

JONATHAN.

Excusez nos filles... si elles sont un peu en retard...

JANICOT, prenant un accent bizarre.

L'une d'elles au moins, ma fiancée, ne viendra pas.

JONATHAN et JACKSON.

Pourquoi?

JANICOT.

Parce que nous l'avons rencontrée sur la place... tout à l'heure... fumant la pipe... devant un café... en train de prendre des absinthes...

MADAME LAMIRAL.

Avec son indigne gouvernante?

JANICOT.

C'est même à ce sujet que nous voulons vous parler. Votre fille Florence, seigneur Jackson, n'est pas la fiancée de mes rêves! Je lui croyais une taille de guêpe; elle a une taille d'éléphant!...

JACKSON, sans conviction.

Elle a d'autres qualités!...

JANICOT.

Comme matelot... je ne dis pas... mais comme épouse... permettez-moi de le dire, c'est un infâme pou!

JACKSON.

Vous êtes sévère, seigneur Koko.

JANICOT.

D'ailleurs, je ne lui pardonnerai jamais d'avoir craché, tout à l'heure, sur ma tunique de soie!

Il l'essuie.

MADAME LAMIRAL, à Jonathan.

En ce qui me concerne, je demande quelques ex-
plications. Avant d'entrer dans une famille, on doit
s'assurer de sa moralité, n'est-ce pas?

JONATHAN et JACKSON.

Eh bien?

MADAME LAMIRAL.

Eh bien, il paraît que sur le bateau, vous avez
fortement aguiché le gouvernante de votre fille?

JONATHAN.

C'est faux! c'est elle qui voulait... mais moi, je
ne voulais pas!

MADAME LAMIRAL.

Et pourquoi donc?

JONATHAN.

Oh! là, là! Elle était bien trop laide!

JANICOT.

Attrape, ma vieille!

MADAME LAMIRAL, sévère.

Vous êtes un goujat, monsieur Jonathan, et je re-
prends ma parole!

JANICOT.

Moi, de même!

JONATHAN.

Ecoutez au moins la justification de ma fille. Jus-
tement la voici!

MADAME LAMIRAL.

Voyons jusqu'où elle irait avec son Chinois!

SCÈNE XIV

LES MÊMES, ANGÈLE.

AMGÈLE.

Eh bien, papa! et ce fameux fiancé?

JONATHAN.

Le voici, mon enfant.

MADAME LAMIRAL.

Moi-même, adorable fleur de lotus.

JONATHAN.

Tu vois. Il est gentil. Il t'appelle fleur de laitue.

ANGÈLE, éclatant de rire.

Oh! là, là! Quelle potiche! Et c'est ça qu'a la pré-
tention de m'épouser? Eh bien, mon pauvre garçon,
je vais te dire comment je prends le mariage. Tu
vas voir ça, mon petit.

Couplets.

I

Je ne suis pas une fille ordinaire.
En France, on voit, c'est bien certain,
L'amour de toute autre manière
Que vous le voyez à Pékin.
    Quand d'un mari l'on fait emplette,
    C'est pour le tromper carrément
    Avec l'impunité complète
    Et c'est pour avoir son argent.

Oh ! Par Bouddha !
Oui, je ferai ça !
Faut renoncer à moi, plus vite que cela !
Elle fait, de ses doigts, deux cornes au-dessus de sa tête.

II

Si par hasard, vous me prenez pour femme
Vous seriez battu, mais content.
Vos enfants auraient sur mon âme
Les traits chéris de mon amant
Et ma vengeance, je m'en flatte,
Serait pire que tous les maux,
Je vous couperais votre natte,
Vous n'auriez plus rien dans le dos !

Ah ! par Bouddha,
Oui, je ferai ça.
Faut renoncer à moi, plus vite que cela.
Elle fait le simulacre de couper quelque chose, se ser-
vant de deux doigts, comme de ciseaux.

MADAME LAMIRAL.

Par Bouddha ! Cela suffit. Décidément vous pouvez
garder votre fille, seigneur Jonathan, j'y renonce
à tout jamais.

ANGÈLE, à part.

Enfin, ça y est.

JANICOT et MADAME LAMIRAL, bas à Angèle.

C'est nous, grosse bête.

ANGÈLE, à part.

Oh ! maman et Janicot !

MADAME LAMIRAL.

A tout à l'heure, à l'apéritif.

ANGÈLE.

Entendu !

MADAME LAMIRAL.

Adieu, méchante hirondelle !

JANICOT et MADAME LAMIRAL.

Adieu, mes seigneurs !

MADAME LAMIRAL.

Ouf! enlevé!

JANICOT.

C'est pesé !

Ils sortent.

SCÈNE XV

JONATHAN, ANGÈLE.

JONATHAN.

Tu me restes encore sur les bras.

ANGÈLE.

Vous ne pensez pas que j'allais épouser ce magot !

Elle sort

SCÈNE XVI

JONATHAN, JACKSON, puis FÉLICIEN.

JONATHAN, réfléchissant.

Nous voilà sans prétendants. J'ai eu tort de lancer les officiers sur la piste des demoiselles de magasin...

JACKSON, aplati.

Ce n'est pas possible! On a dû nous les changer en nourrice! Ce sont les filles de quelques mauvais garnements qui ont hérité de tous les défauts de leurs parents.

FÉLICIEN.

Messieurs, je viens prendre congé de vous...

JACKSON, le prenant par le bras.

Jeune homme, êtes-vous toujours dans les mêmes dispositions d'épouser ma fille Florence?...

FÉLICIEN.

Plus que jamais, monsieur Jackson!...

JACKSON.

Vous la connaissez bien? Vous êtes habitué à son genre de beauté et à ses manières... un peu spéciales?

FÉLICIEN, étonné.

Mademoiselle Florence est la beauté et la distinction mêmes...

JACKSON.

Si vous voulez! (A part.) Il la voit avec les yeux de l'amour, ce n'est pas à moi à le désillusionner. (Haut.) Vous l'avez vue monter aux cordages... sur le bateau... Ça ne vous décourage pas, et vous ne vous dédirez pas?

FÉLICIEN.

Vous voulez rire, monsieur Jackson! mademoiselle Florence, c'était une des petites chanteuses anglaises... Pick me up!... vous savez bien?... La petite blonde qui reprenait au refrain...

JACKSON, abruti.

Qu'est-ce que vous dîtes? Je n'aurais pas pour fille cette horrible harengère qui fume le cigare... qui jure comme un matelot... qui... (Défaillant dans les bras de Jonathan.) Ah! Jonathan! soutiens-moi... le bonheur... le...

JONATHAN, le soutenant d'un bras, à Félicien.

Mais... je ne vois pas mon Arabelle dans tout ça?

FÉLICIEN.

Mademoiselle Arabelle?... C'était aussi une des petites chanteuses anglaises... celle qui chantait le couplet... Pick me up!... Vous ne le saviez pas?

JONATHAN, radieux.

Le plus gentil de nos deux petites demoiselles de magasin... C'était?... Ah! je m'explique maintenant pourquoi ces pauvres enfants se cramponnaient si obstinément à nous!

JACKSON, ému.

Pourquoi elles nous embrassaient les mains!

JONATHAN, tirant son mouchoir.

Pauvres et chères mignonnes!... mais dans quel but nous avoir caché qui elles étaient ?

FÉLICIEN.

Il paraît que c'est un mystère...

JONATHAN.

Il me tarde de l'éclaircir!

SCÈNE XVII

Les Mêmes, ARABELLE, FLORENCE.

Reprise de l'ensemble du deuxième acte,

ARABELLE et FLORENCE, dans la coulisse.

Ah ! papa, mon papa, je vous aime
    D'un amour extrême !

Elles entrent.

ARABELLE, sautant au cou de Jonathan et s'y suspendant.

Oh ! mon petit papa !

FLORENCE, même jeu avec Jackson.

Mon papa chéri !

JONATHAN, pleurant comiquement.

C'est bête, je pleure comme un veau...

JACKSON, pleurant dans son mouchoir.

Et moi comme deux veaux !

JONATHAN, tout en pleurant.

M'expliquerez-vous... pourquoi cette mystification ?... et par qui vous avez été remplacées ?

ARABELLE.

Papa, nous avons toute la vie pour vous conter cela... et je ne veux pas que vous soyez fâché au moment où nous sommes enfin réunis !

JONATHAN, l'embrassant.

Tu as raison, mon Arabelle.

FÉLICIEN, à Florence.

Est-il besoin de vous dire, miss Florence, que votre père, dans sa joie, n'a pu me refuser votre main ?

FLORENCE, embrassant Jackson.

Bon petit papa ! Je puis donc enfin vous embrasser à mon aise !

ARABELLE, à Jonathan.

J'ai un amoureux... et vous le connaissez aussi, papa !

SCÈNE XVIII

LES MÊMES, FRÉDÉRIC, JANICOT, en marin.

FRÉDÉRIC.

Je suis le grand coupable, Monsieur Jonathan, et je m'en vante ! Mon excuse .. c'est que j'adorais votre fille et qu'il fallait l'arracher, ainsi que mademoiselle Florence, aux époux que votre entêtement féroce leur imposait...

JONATHAN, étonné.

Hein ? Est-ce que vous allez nous attraper, par dessus le marché ?

JACKSON.

Nous le méritons !

JANICOT.

Tout ça, d'ailleurs, c'est la faute à l'engrenage... Vous pouvez pardonner carrément au lieutenant... Vous ne trouverez jamais un gendre comme lui... c'est une crème !

JONATHAN.

Je laisse à ma fille le soin de décider !

ARABELLE.

Oh ! merci, papa !

Elle va dans les bras de Frédéric.

JACKSON, examinant Janicot.

Mais je ne me trompe pas ? Ma fille Florence ?...

JANICOT, faisant la révérence.

Elle-même !

Il prend l'accent chinois qu'il a employé précédemment.

JONATHAN, faisant la révérence.

Et ma fausse fille Arabelle, qui était-ce ?

SCÈNE XIX

Les Mêmes, ANGÈLE, MADAME LAMIRAL, JUSTINE.

ANGÈLE, entrant.

Angèle Lamiral. J'ai terminé mon rôle... Je vais jouer ailleurs.

MADAME LAMIRAL.

Au concert Lamiral que je fonde à Saïgon !

JACKSON.

Et qui sera commandité par la maison Jackson...

JONATHAN.

Et Cie.

ARABELLE.

Vous avez raison de nous dire de patienter, monsieur Frédéric, l'amour finit toujours par triompher !...

JANICOT, à Justine.

Alors, inutile d'ajourner toujours nos noces madame Janicot ! autant que l'amour triomphe tout de suite !

8.

Ensemble final.

ANGÈLE.

Si nous avons pu vous complaire,
J'espère
Que vous serez indulgénts,
Cléments en vos jugements.

ARABELLE.

Si notre folie est extrême,
Quand même,
Applaudissez, rien n'est bon
Comme le pardon !

TOUS.

Répétons enfin
Notre gai refrain :
Pick me up,
Can, can,
Vive le cancan !

Grande animation. — Danses.

Rideau.

FIN

Imprimerie Générale de Châtillon-sur-Seine. — A. Pichat.

EN VENTE CHEZ LE MÊME ÉDITEUR

(Format grand in-18 jésus)

COMÉDIES ET COMÉDIES-VAUDEVILLES NOUVELLES

Georges ANCEY

	fr. c.
L'Avenir, 3 actes	2 »
La Dupe, 5 actes	2 »
Grand'Mère, 3 actes	2 »
Les Inséparables, 3 ac.	2 »
Monsieur Lamblin, 1 a.	1 50

Paul BILHAUD et Maurice HENNEQUIN

	fr. c.
Les Dragées d'Hercule, Le Gant, 1 acte	1 50
3 actes	2 »
M'amour, 3 actes	2 »
Nelly Rozier, 3 actes	2 »

Alexandre BISSON

	fr. c.
Le Bon Juge, 3 actes	2 »
Le Bon Moyen, 3 actes	2 »
Château Historique, 3 a.	2 »
Un Conseil judiciaire, 3 actes	2 »
Le Contrôleur des Wagons-lits, 3 actes	2 »
Un Coup de tête, 3 act.	2 »
Le Député de Bombignac, 3 actes	2 »
Disparu!!!, 3 actes	2 »
Docteur!, 1 acte	1 50
Les Erreurs du mariage, 3 actes	2 »
La Famille Pont-Biquet, 3 actes	2 »
Feu Toupinel, 3 actes	2 »
La Gymnastique en chambre, 1 acte	1 50
L'héroïque Le Cardunois, 3 actes	2 »
Jalouse! 3 actes	2 »
Les Joies de la paternité, 3 actes	2 »
Mam'zelle Pioupiou, 5 a.	2 »
Monsieur le Directeur, 3 actes	2 »
Mouton! 1 acte	1 50
Nos Jolies Fraudeuses, 3 actes	2 »
Le Roi Koko, 3 actes	2 »
Le Sanglier, 1 acte	1 50
Les Surprises du Divorce, 3 actes	2 »
Le Terre Neuve, 3 act.	2 »
Le Véglione, 3 actes	2 »
Veuve Durozell 1 acte	1 50

M. BONIFACE

	fr. c.
Clarisse Arbois, 3 actes	3 50
La Crise, 3 actes	2 »
Les Petites Marques, 2 actes	2 »
La Tante Léontine, 3 a.	2 »

BRIEUX

	fr. c.
L'Armature, 5 actes	3 50
Les Avariés, 3 actes	3 50
Le Berceau, 3 actes	2 »
Les Bienfaiteurs, 4 act.	2 »
Blanchette, 3 actes	2 »
La Couvée, 3 actes	2 »
La Déserteuse, 4 actes	3 50
L'Ecole des Belles-Mères, 1 acte	1 50
L'Engrenage, 3 actes	2 »
L'Evasion, 3 actes	2 »
Maternité, 3 actes	3 50
Ménages d'Artistes, 3 a.	2 »
La Petite Amie, 4 act.	2 »
Résultat des Courses, 5 actes	2 »
Les Remplaçantes, 3 a.	2 »
La Robe Rouge, 3 a.	2 »
La Rose bleue, 1 acte	1 50
Les Trois Filles de M. Dupont, 4 actes	2 »

M. CHAMPAGNE

	fr. c.
Mademoiselle Aurore, 3 actes	2 »

G. COURTELINE

	fr. c.
L'Article 330, 1 acte	1 »
Les Boulingrin, 1 acte	1 50
Un Client sérieux, 1 a.	1 50
Les Gaietés de l'Escadron, 3 actes	2 »
Gros chagrins, 1 acte	1 »
Hortense, couche-toi! 1 acte	1 »
Une Lettre chargée, 1 a.	1 »
Théodore cherche des allumettes, 1 acte	1 »
Victoires et Conquêtes, 1 acte	1 »
La Voiture versée. 1 a.	1 »

F. DE CUREL

	fr. c.
L'Amour brode, 3 actes. (in-8o)	4 »
L'Envers d'une Sainte, 3 actes	2 »
La Figurante, 3 actes	2 »
La Fille sauvage, 6 a.	2 »
La Nouvelle Idole, 3 a.	2 »
Le Repas du lion, 5 act.	2 »

Paul GAVAULT

	fr. c.
Une Affaire Scandaleuse, 4 actes	2 »
La Belle de New-York, 2 actes, 3 tableaux	2 »
Les Dupont, 3 a.	2 »
Manu Militari! 1 acte	1 50
Mr l'Adjoint, 1 acte	1 50

Paul GAVAULT et Georges BERR

	fr. c.
La Dette, 5 actes	2 »

Paul GAVAULT, G. BERR et A. VELY

	fr. c.
Les Aventures du Capitaine Corcoran, 5 actes, 17 tableaux	2 »

Paul GAVAULT et V. DE COTTENS

	fr. c.
Chéri! 3 actes	2 »
Le Guet-Apens, 1 acte	1 50
Fin de Rêve, 3 actes	2 »

Paul GAVAULT et P. L. FLERS

	fr. c.
Charmant Séjour! 3 a.	2 »

Paul GAVAULT et GUILLEMAUD

	fr. c.
Les Femmes de Paille, 3 actes	2 »

Paul GAVAULT, Eugène HÉROS et Eugène MILLOU

	fr. c.
Family-Hôtel, 3 actes	2 »

Maurice HENNEQUIN

	fr. c.
Inviolable! 3 actes	2 »
Les Joies du foyer, 3 a.	2 »

Maurice HENNEQUIN et Paul BILHAUD

	fr. c.
La Famille Boléro, 3 a.	2 »
Heureuse! 3 actes	2 »
Le Paradis, 3 actes	2 »

Maurice HENNEQUIN et Georges DUVAL

	fr. c.
Le Coup de fouet, 3 a.	2 »
Le Remplaçant, 3 act.	2 »
Le Voyage autour du Code 4 actes	2 »

Jean JULLIEN

	fr. c.
L'Ecolière, 3 actes	2 »
La Mineure, 1 acte	1 50
La Poigne, 5 actes	2 »
La Sérénade, 3 actes	2 »

G. LENOTRE

	fr. c.
Colinette, 3 actes	2 »
Les Trois Glorieuses, 4 actes	2 »

Albin VALABRÈGUE et Maurice HENNEQUIN

	fr. c.
Coralie et Cie, 3 ac.	2 »
Place aux Femmes! 4 a.	2 »

PIERRE VEBER

	fr. c.
L'Amourette, 3 actes	2 »
Chambre à part, 3 a.	2 »

Imprimerie générale de Châtillon-sur-Seine. — A. PICHAT.